KiWi

1796

Aladin El-Mafaalani

Wozu Rassismus?

Von der Erfindung der Menschenrassen bis zum rassismuskritischen Widerstand

Kiepenheuer & Witsch

MIX
Papier | Fördert gute Waldnutzung
FSC® C083411

6. Auflage 2024

Umschlaggestaltung: Marion Blomeyer / Lowlypaper
Gesetzt aus der Minion und Stratos
Satz: Buch-Werkstatt GmbH, Bad Aibling
Druck und Bindung: CPI books GmbH, Leck
ISBN 978-3-462-00223-2

Inhalt

Vorwort: Wieso *Wozu Rassismus?*

Rassismus benachteiligt, entwürdigt, macht krank. Rassismus tötet. Auch heute noch. Darf man dennoch konstatieren, dass er den größten Teil seiner Wirkmächtigkeit verloren hat? Zum Verständnis der Gegenwart muss man dies tun. Weder die Globalisierung noch die politische Weltkarte, weder die Verhältnisse in Deutschland noch der Zustand der Weltgesellschaft lassen sich ohne eine intensive Auseinandersetzung mit dieser Herrschaftsideologie, die eine der wirkmächtigsten der Menschheitsgeschichte war, verstehen. Rassismus ist heute nicht mehr das dominante Ordnungsprinzip der Gesellschaft und der Welt. Umso bemerkenswerter, wie stark die heute existenten »Überbleibsel« noch immer wirken.

Die Erfindung von Menschenrassen diente der Sicherung und Legitimation von Herrschaft. Die Enteignung und Entmenschlichung bestimmter Gruppen wurden zu etwas Natürlichem oder Gottgegebenem, in jedem Falle zu etwas Gerechtem gemacht. Das ist heute keineswegs mehr der Fall. Weniges wird derart stark geächtet wie Rassismus. Nicht einmal lupenreine Rassist:innen bezeichnen sich als solche. Doch der Rassismus hat sich in die Gesellschaft und ihren Institutionen eingeschrieben, erkennbar an den Einkommens-, Vermögens- und Klassenverhältnissen, erlebbar in Kultur und Alltag, hörbar in der Sprache und so weiter. Rassismus hält die (ungerechte) Gesellschaft zusammen. Die Selbstverständlichkeiten der Gesellschaft sind rassistisch geprägt, denn fast alles, was die moderne Weltgesellschaft ausmacht, entstand in der Hochphase des Rassismus: Aufklärung, Wissenschaft, Globalisierung, Kapitalismus, Nationalstaaten und ihre Staatsbürgerschaften.

Solche kulturellen Selbstverständlichkeiten – Pierre Boudieu nannte sie Doxa – entziehen sich weitgehend öffentlichen Diskursen und sind kaum kritisch zu hinterfragen. Aber seit kurzer Zeit hat sich das ganz deutlich geändert. Es wird so viel über Rassismus in allen Bereichen und Kontexten gesprochen wie nie – von Betroffenen, Aktivist:innen und Initiativen. Es entwickeln sich hitzige Diskurse, die bei den meisten Menschen den Eindruck hinterlassen, man würde Rückschritte machen – vielerorts hört man die Aussage »Wir waren mal weiter«.

Ist die offene Gesellschaft also doch nicht offen? Sie ist nicht so offen wie gedacht, aber das kann sie nur deshalb feststellen, weil sie schon ziemlich offen ist, viel offener als je zuvor. Denn die Tatsache, dass heute artikuliert wird, was früher nicht artikulierbar war, ist ein Beleg für Öffnungsprozesse. Dem heute geführten Diskurs sind viele Entwicklungen vorausgegangen: Teilhabe- und Aufstiegsprozesse von nicht-weißen Menschen und Migrant:innen, eine stärkere Sensibilisierung für verschiedene Formen von Diskriminierung und viele weitere Liberalisierungsprozesse. Rassistisch motivierte Anschläge und Morde waren vielfach die Auslöser für Demonstration und Proteste, die Ursachen liegen aber viel tiefer, nämlich in den bereits stattgefundenen nachhaltigen Entwicklungen hin zur offenen Gesellschaft.

Deshalb wird Widerstand gegen Rassismus nun artikuliert, mit starken Spannungen und Übertreibungen, was zum einen an den gesellschaftlichen Beharrungskräften liegt, die zu Schließungstendenzen führen können, zum anderen weil der rassismuskritische Widerstand nicht nur jung im Diskurs, sondern auch von jungen Akteur:innen vorangetrieben wird. Der Diskurs ist bereits Beleg für gesellschaftliche Veränderungen. Die diskurstreibenden Kräfte wollen noch mehr und noch schnellere Veränderungen. Veränderungen führen zu Reibung und zu Gegenbewegungen. Die offene Gesellschaft ermöglicht mehr Chancen, erzeugt aber auch mehr Konflikte. Man kann also durchaus die These aufstellen, dass all das Symptome einer Zeitenwende sind: Die offene Gesellschaft ist nicht mehr ein fernes Ziel, sondern steht vor der Realisierung.

Und damit wäre ich bei der angekündigten Frage: Weshalb *Wozu Rassismus?*. Es gibt inhaltliche Antworten (etwa zur Hartnäckigkeit der Ideologie) und methodische Antworten (etwa zu Funktion und Wirkung). Es gibt aber auch gute Gründe für Gelassenheit, denn wir waren nie weiter. Die Perspektive »Wozu Rassismus?« ist im gesamten Buch handlungsleitend. Es ist genau genommen also keine Frage, deshalb gibt es auch nicht die eine Antwort, sondern in jedem Kapitel mehrere. Der seltenere intendierte und gewaltvolle Rassismus, also Rechtsextremismus, wird nur am Rande thematisiert. Viel stärker stehen die historischen und strukturellen

Dimensionen und ihre Folgen im Mittelpunkt, also der Rassismus der gesellschaftlichen Mitte und die Involviertheit des Staates.

Und damit bin ich bei einer nicht minder wichtigen Frage: *Wozu das Buch?* Nach einigen Büchern aus einer Betroffenenperspektive, die maßgeblich dazu beigetragen haben, dieses Thema im öffentlichen Diskurs zu etablieren, soll dieses Buch Überblick und Systematik sowie Deutungsangebote im Hinblick auf die jüngsten Entwicklungen bieten. Rassismus ist ein Thema des Mainstreams geworden. Mainstreaming bedeutet immer, dass es nun sehr viele interessiert und viele Menschen und Medien im Diskurs teilnehmen (was wünschenswert ist), deshalb aber das Diskursniveau (zwischenzeitlich) sinkt, weil nicht mehr nur Menschen mit Expertise und Erfahrung miteinander reden. Sobald ein Thema trendy und kommerzialisierbar ist, wird es als wichtig wahrgenommen, ist aber auch anfällig. Die Komplexität des Themenfeldes ist dabei enorm und auch die Widersprüchlichkeiten und Paradoxien. Es gibt viele Fragen, die überhaupt nicht trivial sind, etwa: Ist es gut oder schlecht, »Hautfarben« zu benennen? Wäre es nicht besser, »hautfarbenblind« zu sein? Außerdem von großer Relevanz: die verschiedenen Umgangs- und Bewältigungsstrategien Betroffener zu verstehen, und die eigene Involviertheit, egal, wer man ist, zu erkennen.

Der Text ordnet und fundiert auf verschiedenen Ebenen. Auf der Makroebene werden die Entwicklung der Rassenlehre und historische Zusammenhänge (Kap. 2), der aktuelle strukturelle Rassismus (Kap. 3) und seine Prozesshaftigkeit (Kap. 4) skizziert. Auf der Mesoebene wird der institutionelle

Rassismus (Kap. 5) behandelt. Die Mikroebene wird auch ausführlich beschrieben, und zwar rassistische Diskriminierung aus der Betroffenenperspektive (Kap. 6) sowie als pädagogische Herausforderung (Kap. 7). Ebenen übergreifend sind die Themenfelder »Über Rassismus reden« (Kap. 8) und Rassismuskritik als Kompetenz (Kap. 9). Der Text beginnt aber ganz klassisch mit der Frage »Was ist Rassismus?« (Kap. 1).

Die Übertragung von Theorien, Erkenntnissen und Diskursen auf die Situation in Deutschland steht dabei im Mittelpunkt. Dadurch, dass US-amerikanische Ansätze und Diskurse 1:1 übersetzt wurden und deshalb nicht so recht passen, kommt es nicht nur zu vermeidbaren Missverständnissen, sondern auch zu unnötigen Kontroversen und Überhitzungen im Diskurs. In den USA sind Menschen aus Italien, Griechenland, Kroatien oder Polen schlichtweg Weiße und können nicht von Rassismus betroffen sein. Bezogen auf die US-amerikanischen Verhältnisse stimmt der Satz: »Es gibt keinen Rassismus gegen weiße Menschen.« In Deutschland sieht das ganz anders aus. Hier (und in anderen Teilen Europas) müsste man sagen: »Menschen mit Wurzeln in Ost- oder Südeuropa erleben Rassismus, aber nicht weil, sondern obwohl sie weiß sind.« Gleichzeitig ist von großer Relevanz, welche Zeit man betrachtet. Es gibt letztlich weniges, was in jeder Gesellschaft zu jeder Zeit im Hinblick auf Rassismus identisch war (und ist).

Im gesamten Buch werden daher allgemeine Entwicklungen beschrieben, aber auch spezifisch deutsche, die mit einer besonderen kolonialen Vergangenheit und vielfältigen rassistischen Exzessen zusammenhängen, die sich aber nicht nur entlang der Konstruktion von »Hautfarbe«, sondern auch entlang »feinerer« Unterscheidungen (etwa nicht-deutsch, migrantisch oder jüdisch) entspinnen.

Dabei ist der gesamte Text um differenzierte und klare Analysen und zugleich um die gebotene Sensibilität bemüht. Durch Differenziertheit und Klarheit lässt sich die altbekannte tautologische Falle vermeiden, nämlich dass alles mit allem zusammenhängt – und am Ende doch der Kapitalismus an allem schuld ist. Die gebotene Sensibilität findet sich im Bemühen um diskriminierungskritische Sprache – im Wissen, dass eine diskriminierungsfreie Sprache kaum möglich ist. Daher werden im Haupttext hochproblematische Wörter maskiert (etwa Z*schnitzel oder N*kuss), ausschließlich in den Endnoten werden sie in Zitaten ausgeschrieben, auch um die Härte der Formulierungen etwa in weltbekannten Liedern oder Texten von kanonischen Denkern spürbar zu machen.[1] Wer das nicht lesen möchte, kann die Endnoten ignorieren. Wer nicht versteht, warum man bestimmte Wörter nur noch in belegenden Zitaten und im Kleingedruckten ausschreibt, versteht es vielleicht nach der Lektüre dieses Buchs inklusive der Endnoten besser – oder versteht, warum man es nicht verstehen will.

1. Was ist Rassismus?

Rassismus ist ein Begriff, der zunehmend im Mittelpunkt des öffentlichen Interesses steht. Dies liegt nicht nur an den vielen rechtsextremen Anschlägen (NSU, Halle, Hanau usw.), den Hunderten Todesopfern allein in Deutschland, dem Rechtspopulismus, der bei einem großen Teil seiner Wählerschaft einen vorher unsichtbaren Rassismus offenbart, der mit Formulierungen wie Fremdenfeindlichkeit, Xenophobie, Ausländerfeindlichkeit oder »besorgte Bürger« verdeckt wurde. Vielmehr haben sich in den vergangenen Jahren Aktivist:innen und soziale Bewegungen wie Black Lives Matter, #saytheirnames oder #metwo gebildet und etabliert, die Rassismus zu einem zentralen und relevanten Mainstreamthema haben werden lassen.

Die wissenschaftliche Bedeutung von Rassismus als Phänomen ist ebenfalls enorm. Die Beziehungen zu anderen Diskriminierungs- und Herrschaftsverhältnissen sind komplex und benötigen multiperspektivische und systematische Analysen. Rassismusforschung befindet sich in Deutschland noch in den Anfängen. Zugleich wandeln sich die Verhältnisse in vielfacher Weise: Rassismus verändert sich, weil rassistische

Tendenzen lauter und aggressiver, nicht aber quantitativ relevanter werden; die sozialen Verhältnisse sind im Wandel, weil immer mehr schwarze Menschen, Muslim:innen und Menschen mit erkennbarem Migrationshintergrund – kurz People of Color (PoC) – auf allen Ebenen teilhaben, die Gesellschaft mitgestalten und zugleich klar und deutlich auf Rassismus hinweisen. Die radikalen Kräfte werden radikaler, während die Gesellschaft insgesamt immer offener wird – auch offener gegenüber Rassismuskritik.

Die Frage »Wozu Rassismus?« ist eine ernst gemeinte. Wie kann es sein, dass sich Rassismus dauerhaft hält? Wie lässt sich seine enorme Wirkmacht erklären, die die Weltgesellschaft und die meisten Nationalstaaten, wie sie heute sind, maßgeblich geprägt hat? Wie kann Rassismus derart hartnäckig bestehen bleiben, obwohl Menschenrechte, Demokratie und Wissenschaft ihm diametral entgegenstehen? All dies sind Fragen nach der Funktion. Die Antworten auf diese Fragen sind komplex.

Rassismus legitimiert Herrschaft, die Herrschaft führt dazu, dass sich die Ideologie bestätigt, die wiederum die Herrschaft legitimiert. All das kann dann schnell »natürlich« wirken. Herrschaft meint dabei insbesondere ökonomische und kulturelle Dominanz. Aber es gibt noch eine andere Funktion: Rassismus erzeugt Selbstwert durch Abwertung der anderen und Aufwertung der eigenen Zugehörigkeit. Diese psychologische Wirkung trägt auch zu seiner Stabilisierung und Persistenz bei. In allen Dimensionen, also der ökonomischen, der kulturellen und der psychischen, profitiert man als durch Rassismus privilegierte Person, ob man will oder nicht, und ein durch Rassismus negativ betroffener Mensch ist Risiken ausgesetzt. Es handelt sich um ein komplexes Herrschaftsverhältnis und um ein gesellschaftliches Strukturierungsprinzip, das alle Menschen (auf unterschiedliche Weise) betrifft. *Wozu Rassismus?* ist die übergeordnete Frage. Zunächst gilt es jedoch zu fragen: Was ist Rassismus? Beginnen wir klassisch mit einer Definition des Gegenstands.

Die meiner Meinung nach umfassendste und zugleich präziseste Definition stammt von der niederländischen Soziologin Philomena Essed: Rassismus ist *»eine Ideologie, eine Struktur und ein Prozess, mittels derer bestimmte Gruppierungen auf der Grundlage tatsächlicher oder zugeschriebener biologischer oder kultureller Eigenschaften als wesensmäßig andersgeartete und minderwertige ›Rassen‹ oder ethnische Gruppen angesehen werden. In der Folge dienen diese Unterschiede als Erklärung dafür, dass Mitglieder dieser Gruppierungen vom Zugang zu materiellen und nicht-materiellen Ressourcen ausgeschlossen werden.«*[2]

So präzise diese beiden Sätze formuliert sind, so komplex ist ihr Bedeutungsgehalt, der in den nächsten Kapiteln dieses Buchs analysiert, kommentiert und erläutert wird. Aber bereits hier soll diese Definition Wort für Wort ausgefächert werden, um Grundlagen und erste Zusammenhänge zu verdeutlichen und Querbezüge zu den folgenden Kapiteln herzustellen.

Ideologie. Rassismus ist eine Herrschaftsideologie, die dem jahrhundertealten Ideensystem der Rassenlehre entstammt. Die Konstruktion von Menschenrassen, die zudem hierarchisch geordnet werden, diente der legitimen Herrschaft von bestimmten Menschen über alle anderen Menschen. So wurde nicht nur die (globale) weiße Vorherrschaft (white supremacy) etabliert und gesichert, sondern auch als natürliche oder göttliche Ordnung legitimiert. Entsprechend hat Rassismus gleichermaßen ökonomische Ursachen und psychische Grundlagen, etwa die Aufwertung aufgrund der Zugehörigkeit zur »weißen Rasse«. Rassismus ist ein Erbe der Nationalstaatenbildung, des Kolonialismus, der europäischen Aufklärung und der europäischen Geistes- und Naturwissenschaften. Somit handelt es sich in keiner Weise um ein natürliches Phänomen und auch nicht um eine anthropologische Konstante: Weder gibt es biologische Menschenrassen, noch folgt Rassismus – verstanden als Angst, Feindseligkeit oder Herrschaftsbeziehung zwischen weißen und nicht-weißen Menschen – einem Naturgesetz. Es ist ein historisch gewachsenes und von den einstigen Eliten, sprich Klerus, Krone, Kolonialisten und Wissenschaftlern, entwickeltes Projekt, das die globalen politischen und sozialen Verhältnisse maßgeblich geprägt hat (vgl. Kap. 2). Heute wird Rassismus weitgehend geächtet, aber er besteht weiterhin fort.

Struktur. Während die rassistische Ideologie in der Vergangenheit staatstragend und damit ein explizites und rechtlich verbrieftes Herrschaftssystem war, ist es heute ein eher latentes und indirektes gesellschaftliches Strukturierungsprinzip. Rassismus als Struktur beziehungsweise struktureller Rassismus meint also, dass Rassismus kulturell tief verankert ist, unter anderem in den Wissensbeständen und den weiterhin enorm verbreiteten Vorurteilen, den ökonomischen Verhältnissen und der Sozialstruktur sowie schließlich in den normativen Legitimationsstrukturen der Gesellschaft. Oder anders: Die Gesellschaft und die globalen Verhältnisse sind derart strukturiert, dass es so aussieht, als gäbe es qualitativ differenzierbare Menschenrassen, auch weil heute enorme Ungleichgewichte und Ungleichwertigkeiten erkennbar sind, die ohne sichtbare Unterdrückungshandlungen oder wahrnehmbare Brutalität bestehen. Es gibt zur Erklärung der (Welt-)Verhältnisse also im Prinzip zwei große Angebote: Es existieren Rassen, oder es herrscht Rassismus (vgl. Kap. 3). Die gesellschaftliche und globale Hierarchiebildung funktioniert heute also weniger gewaltvoll und konsequent, stattdessen latenter, subtiler und weitgehend auch ohne Absicht und bösen Willen. Auch nach dem Ende des Kolonialismus sind rassistische Macht- und Dominanzverhältnisse derart strukturiert, dass die in ihnen Privilegierten nie Opfer dieser Verhältnisse sein können – wohl aber in anderer Hinsicht Diskriminierung erfahren können, etwa aufgrund ihrer sozialen Klassenzugehörigkeit, ihres Geschlechts oder aufgrund von körperlichen Beeinträchtigungen. Daher gilt es, Rassismus von anderen Herrschaftsprinzipien, Diskriminierungs- und Ungleichheitsdimensionen zu unterscheiden. Die spezifische Form, in der sich struktureller Rassismus innerhalb konkreter Branchen und in Organisationen umsetzt, wird als *institutioneller Rassismus* bezeichnet, also eine Form rassistischer Diskriminierung, die sich weitgehend unabhängig von den jeweils handelnden Menschen, sondern vielmehr durch institutionelle Routinen, Regeln und Verfahren vollzieht (vgl. Kap. 5).

Prozess. Innerhalb der strukturellen und institutionellen Rahmenbedingungen finden rassistische Diskriminierungsprozesse statt. Diese folgen einem idealtypischen Dreiklang: Es wird eine Differenz konstruiert und Menschen entsprechend dieser Differenz kategorisiert. Dieses *Othering (zu Anderen/Fremden* machen) folgt also einer Markierungs- und Differenzierungspraxis (mit der zugleich eine Wir-Konstruktion vollzogen wird); diese als *andersgeartet* Kategorisierten werden abgewertet, also als moralisch, kognitiv und anderweitig minderwertig in einem hierarchischen Gefüge positioniert; die Mitglieder dieser Gruppe werden nun ausgeschlossen, wobei dieses Ausschlussprinzip sich auf materielle Teilhabe sowie symbolische Anerkennung und soziale Zugehörigkeiten beziehen kann. Es handelt sich also um Deutungs- und Handlungsmuster. Sofern es sich um vorurteilsbezogenes beziehungsweise rassistisches Denken handelt, das aber (noch) nicht zu diskriminierenden Handlungen führt (eine Aussage kann bereits eine Handlung sein), spricht man im Englischen eher von *bias,* sobald Vorbehalte zu rassistischen Handlungen führen, eher von *discrimination* (vgl. Kap. 4).

Die rassistische Kategorisierung findet *»auf der Grundlage tatsächlicher oder zugeschriebener biologischer oder kultureller Eigenschaften«* statt. Hier wird der klassische Rassismus mit biologischem Rassekonstrukt genauso betrachtet wie der kulturell begründete Rassismus, der auch als Kultur-Rassismus oder Neo-Rassismus bezeichnet wird. Bereits von Beginn an gingen biologische und kulturelle (insbesondere religiöse) Begründungen für die Andersartigkeit eine Symbiose ein, die bis heute hält. Im Zeitverlauf hat sich die Gewichtung von einer stärker biologischen beziehungsweise natürlichen Begründung zu einer stärker kulturellen verlagert. Mit dem Begriff »Rassismus ohne Rassen« wird dieser Wandel ausgedrückt.[3] Es gibt keine Rassen, sie waren eine Erfindung, die derart wirkmächtig wurde, dass sie selbst dann noch wirksam ist, wenn jede:r von diesem »Betrug« weiß. Während es etwa in Nordamerika heute immer noch die Rassifzierung von Menschen ist, die den Ausgangspunkt rassistischer Diskriminierung darstellt (also der Hautfarbe eine maßgebliche Rolle zukommt), lässt sich in Deutschland ein erweiterter Schwerpunkt erkennen, nämlich die Migrantisierung, die eine Rassifizierung inkludiert. Sie verläuft entlang des Knotenpunkts von Zugehörigkeit (Deutschsein), Abstammung (Herkunft) und sichtbarer beziehungsweise wahrnehmbarer Differenzen (insbesondere sprachlicher Akzent und Hautfarbe). Entsprechend ist der Diskurs geprägt von Fragen nach der Herkunft, dem Migrationshintergrund oder ob der Islam zu Deutschland gehöre – also sehr spezifischen Problemstellungen. Zudem werden migrantisierte Menschen häufig (bereits begrifflich) zu Fremden gemacht (Fremdenfeindlichkeit) oder zu Ausländern (Ausländerfeindlichkeit), selbst wenn sie weder fremd noch ausländisch sind.

In der Folge. Rassistische Diskriminierung erkennt man zunächst an der Wirkung. Man könnte es vergleichen mit einem Unfall, den man anhand des Unfallschadens bewertet. Der Effekt der Handlung, nämlich dass sie nach rassistischen Kategorien für bestimmte Menschen benachteiligend wirkt, ist das zentrale Kriterium. Sekundär für die Identifikation von Rassismus ist die Intention. Dennoch ist die Intention nicht unbedeutend, ganz im Gegenteil: Wer gezielt rassistisch handelt, also in rassistischer Absicht, vielleicht sogar mit einem geschlossenen rassistischen Weltbild, kann als Rassist:in bezeichnet werden. Ohne Absicht und »bösen Willen« ist man kein:e Rassist:in, hat aber dennoch rassistisch gehandelt. Nicht-intendiertes rassistisches Verhalten kann genauso von Menschen oder Organisationen ausgehen wie intendierter Rassismus, der etwa von rechtsextremen Menschen oder Organisationen ausgeht. Die Intention ist also keineswegs unwichtig, aber für die Identifikation von rassistischen Strukturen und Prozessen sehr nachrangig. Analog hierzu: Die Frage nach Mord oder Totschlag (also der Intention der Tat) stellt sich erst, wenn man festgestellt hat, dass überhaupt jemand durch Fremdeinwirkung gestorben ist.

So weit die skizzenhaften Erläuterungen zur Definition. Sie machen deutlich, dass solche Herrschaftsverhältnisse derart durchdringend sind, dass ausnahmslos alle involviert sind, sei es durch Benachteiligung, sei es durch Privilegierung. Es gibt kein Außerhalb. Daher ist es von großer Relevanz, Rassismus aus der Perspektive der Betroffenen und als Erfahrungsraum zu analysieren, auch weil Rassismus Menschen persönlich, psychisch und körperlich beschädigt sowie hinsichtlich ihrer gesellschaftlichen Teilhabe benachteiligt (vgl. Kap. 6). Deshalb ist es besonders notwendig, Rassismus als umfassende und vielfältige pädagogische Herausforderung zu verstehen (vgl. Kap. 7). Von zentraler Bedeutung ist das Sprechen über Rassismus im öffentlichen Diskurs oder auch in Teilöffentlichkeiten, etwa im Beruf. Dies gelang bis vor einigen Jahren kaum, findet allerdings in zunehmender Intensität statt. Es ist allgemein erkennbar, dass Herrschaftsverhältnisse (zu weiten Teilen) aufgebrochen wurden und sich die Gesellschaft dadurch im Aufbruch oder Umbruch befindet. Wenn jahrhundertealte Herrschaftsverhältnisse thematisiert, kritisiert und verändert werden, muss dies zu Erschütterungen, Hitzigkeit und auch zu Übertreibungen führen. Dies liegt nicht zuletzt daran, dass nicht mehr nur über die Benachteiligung der Benachteiligten, sondern auch über die Privilegien der Privilegierten gesprochen wird – und auch darüber, dass alle involviert sind und damit niemand (oder jede:r) eine neutrale, objektive oder universalistische Position haben kann (vgl. Kap. 8).

Aus all diesen Erkenntnissen geht eine rassismuskritische Haltung hervor. Sie reflektiert, dass in den Herrschaftsverhältnissen Widersprüchlichkeiten angelegt sind, die man bei der Thematisierung und Bekämpfung von Rassismus kennen und aushalten muss. Entsprechend gibt es nicht per se die richtige Gegenstrategie – auch nicht die richtige Positionierung (ausführlich hierzu in Kap. 9).

Was in diesem Buch leider nicht angemessen berücksichtigt werden kann, ist die Tatsache, dass es verschiedene Rassismen gibt, von denen einige hier genannt werden sollen:[4] International wird Anti-Schwarzen-Rassismus stark diskutiert; Anti-Roma-Rassismus (auch »Antiziganismus«) spielt in Europa eine große Rolle, weil Roma und Sinti in Europa die größte und zugleich am stärksten diskriminierte Minderheit darstellen, in der Vergangenheit war antislawischer Rassismus in Deutschland sehr präsent, wohingegen heute intensiv antimuslimischer Rassismus und Antisemitismus diskutiert werden.[5] Bisher am wenigsten im öffentlichen Bewusstsein ist der antiasiatische Rassismus. Menschen werden also wegen ihrer (nicht-weißen) oder trotz ihrer (weißen) Hautfarbe oder anderer sichtbarer Merkmale rassistisch diskriminiert. Nun ist die Realität so, dass es etwa schwarze Muslim:innen oder schwarze Rom:nja gibt, es also zu Überschneidungen kommt, die als Intersektionalitäten bezeichnet werden.

Intersektionalitäten gehen weit über die Rassismen hinaus. So sind weitere Verknüpfungen nicht die Ausnahme, sondern die Regel: Klassismus (soziale Klasse/class), Sexismus (gender), Queerfeindlichkeit und Heteronormativität (LSBTIQ+), Ableismus (Behindertenfeindlichkeit) – um einige der wichtigsten zu nennen. All diese relevanten Identitätsmerkmale, die einen Menschen zwar nicht deterministisch beeinflussen, aber ganz sicher prägen, spielen zusammen und führen zu je spezifischen Sozialisationsbedingungen, Erfahrungshorizonten, Vulnerabilitäten und Diskriminierungen. Man ist selten in jeder oder in keiner Hinsicht privilegiert oder benachteiligt. Identitätsmerkmale sind zugleich Ungleichheitsdimensionen. Eine schwarze Frau mit Behinderung aus einer wohlhabenden Familie ist – ganz ohne jedes eigene Zutun – anderen Widrigkeiten und Risiken ausgesetzt als ein schwuler jüdischer Mann aus der Mittelklasse oder eine kopftuchtragende weiße Frau oder ein weißer Trans-Mann aus der Unterklasse. Intersektionalität wird mitgedacht, findet aber im Rahmen dieses Buches nicht ansatzweise die Würdigung, die adäquat wäre.[6]

Das Konzept Diskriminierung ist als horizontaler Ansatz immer schon intersektional, kann also gleichermaßen und mit ähnlichen Begrifflichkeiten und Analyseinstrumenten über alle Unterdrückungsmerkmale hinweg beziehungsweise mit allen zugleich verwendet werden. Zumindest das Potenzial zur Umsetzung einer intersektionalen Perspektive ist vorhanden. Der Nachteil des Diskriminierungsbegriffs ist, dass er stark auf den Prozesscharakter zielt und weniger auf ideologische, historische oder strukturelle Zusammenhänge verweist (vgl. Kap. 4).[7]

In Vordergrund und Mittelpunkt steht hier Rassismus. Ich selbst habe an verschiedenen Stellen[8] betont, dass Klassenfragen, also die soziale Herkunft (Einkommen, Vermögen, Bildungsniveau, Milieu), einen messbar wesentlich stärkeren Einfluss auf die Lebenschancen von Menschen haben als rassistische Diskriminierung. Allerdings werden die nachfolgenden Analysen und Darstellungen zeigen, dass das in der Vergangenheit anders war, und noch entscheidender: Diese Vergangenheit hat dazu geführt, dass migrantisierte und rassifizierte Menschen überproportional häufig unteren sozialen Klassen angehören, geringere Einkommen und Vermögen haben und von Bildungsbenachteiligung betroffen sind. Das heißt, dass viele PoC doppelt von Rassismus getroffen werden: zum einen durch die aktuelle rassistische Diskriminierung, zum anderen durch die Benachteiligung vor dem Hintergrund der Klassenherkunft (also indirekt aufgrund des historischen Rassismus). Gleichzeitig soll auch deutlich werden, dass es immer weniger Rassismus und Diskriminierung gibt, die Teilhabechancen von praktisch allen benachteiligten

Gruppen besser sind als je zuvor. Die Existenz und das Fortwirken von Diskriminierung bei gleichzeitig steigenden Teilhabechancen führen zu einer polarisierten und überhitzten allgemeinen Stimmung in allen offenen Gesellschaften.[9] Auch an dieser Überlegung erkennt man: Es ist komplex. Dieses Buch soll dazu beitragen, diese Komplexität aus mehreren Perspektiven verständlich zu machen.

2. Rassismus als Ideologie: Geschichte des Kolonialismus und Erfindung der Rassen(lehre)

Sich mit der Geschichte des Rassismus zu beschäftigen, ist wichtig, um die Entstehungskontexte, die Ursprünge, die Entwicklungen und schließlich die Kontinuitäten zu verstehen, aber auch die Brüche und Veränderungen. Diese sollen insbesondere mit Blick auf Europa und Deutschland skizziert werden.[10] Dabei bleiben die Analysen notwendigerweise grob und holzschnittartig. Es handelt sich bestenfalls um einen ersten Einstieg in das Themenfeld und soll dem Verständnis dienen, dass Rassismus eine Herrschaftsideologie ist, die zu den größten Exzessen der Menschheitsgeschichte geführt hat, aber auch als Erklärung seiner enorm weiten Verbreitung, seiner Wirkmächtigkeit und seiner Hartnäckigkeit. Die Welt, so wie sie sich heute darstellt, lässt sich nicht verstehen, ohne diese Geschichte zu kennen. Oder genauer: Die Welt lässt sich am besten rassistisch erklären, wenn man die Geschichte ignoriert.

Die ersten Züge einer Herrschaftsideologie, die die soziale Hierarchie zwischen ethnischen Gruppen als »natürlich« erscheinen ließ, finden sich bereits im antiken Griechenland.

Vor weit mehr als 2.300 Jahren versuchte Aristoteles, mit der Klimatheorie und der Theorie der Sklaverei zu begründen, weshalb es die Griechen sind, die herrschen, und warum alle anderen Völker Barbaren und zum Dienen bestimmt sind. Hierbei sollte es um eine natürliche Ordnung gehen, bei der körperliche, kognitive und moralische Eigenschaften gleichermaßen eine Rolle spielen, die wiederum mit geografischen und klimatischen Aspekten zusammenhängen. Unterschiedliche Hautfarben wurden bereits in der Antike erkannt, allerdings gab es noch keine systematische Hierarchie, was sich unter anderem daran ablesen lässt, dass die Slawen von den Griechen mit am stärksten versklavt wurden – das Wort Sklave stammt vom griechischen Wort für Slawe. Im europäischen Mittelalter waren religiöse und kulturelle Differenzen bereits schwarz-weiß codiert: Das Christentum wurde als weiß und europäisch imaginiert, der Islam als schwarz und nicht-europäisch.[11]

Die »rassistische Zeitrechnung« beginnt dann Ende des 15. Jahrhunderts im heutigen Spanien – nicht, weil Rassismus dort entsteht, sondern weil von dort aus eine rassistische Herrschaftsideologie an Wirkmacht gewinnt, dominant wird und damit die gesamte Welt prägt.[12] 1492 ist das Jahr der »Entdeckung« Amerikas und der Startschuss für Eroberung und Kolonialisierung, und es ist auch das Jahr der Reconquista, des Siegs der spanischen Krone über die Mauren, die jahrhundertelang die Iberische Halbinsel beherrschten, sowie der Vertreibung von Juden und Muslimen. Ende des 15. Jahrhunderts kommen also im Wesentlichen zwei Entwicklungen zusammen, die gleichermaßen für das Verständnis von Rassismus zentral sind: die nationale Einheit Spaniens und der spanische Kolonialismus.

Nationale Einheit. Die Herausbildung des spanischen Staates ging einher mit einer zunehmenden Homogenisierung der Bevölkerung in mehrfacher Hinsicht: Spanisch ist, wer auf spanischem Boden Spanisch spricht und christlich ist. Territorium, Sprache und Religion spielen hier zusammen. Anschließend kam ein weiteres Kriterium dazu: die »Reinheit des Blutes« (limpieza de sangre). Wie kam das Blut ins Spiel? Viele auf spanischem Territorium lebende Juden, deren Muttersprache Spanisch war, konvertierten zum Christentum, weil es die einzige Möglichkeit war, der Vertreibung und dem christlichen Judenhass zu entkommen. Auf sie richtete sich später jedoch erneut der Hass, denn die Konvertierten überflügelten ökonomisch, aber auch im Hinblick auf ihre Bildung die »echten«, das heißt christlichen Spanier und wurden sogar vom Adel als Gefahr wahrgenommen. Der kulturelle und wirtschaftliche Erfolg sowie die damit einhergehenden Verteilungskonflikte erzeugten Neid und Erklärungsnot: Worin lag die Besonderheit, was war ihr Geheimnis? Die Antwort war so einfach wie zu der Zeit nicht widerlegbar: Es läge an ihrem jüdischen Blut, das sie gierig und zu einer Gefahr für diejenigen mit reinem Blut mache. Rein ist, wer weiß und christlich ist. Erstmals entstand eine biologisch-rassistische Argumentationsfigur, der man weder durch individuelle Erkenntnis oder Leistung noch durch Konversion entkam. Und zugleich wird deutlich, dass die Entstehung des modernen Antisemitismus, der nämlich nicht mehr religiös – wie der christliche Judenhass im Zuge der Reconquista –, sondern durch nicht veränderbare (biologische) Unterschiede begründet wird, mit der Entstehung des Rassismus Hand in Hand geht. Von Beginn an spielen Biologie und Kultur zusammen – und hier insbesondere die drei abrahamitischen Religionen: Judentum, Christentum und Islam. Die rassistischen Erklärungen folgten einem Agglomerat von Ausgangsproblemen: auf der einen Seite aus politischen Problemstellungen, vor allem Fragen der nationalen Zugehörigkeit und Identität, auf der anderen Seite aus ökonomischen und sozialen Verteilungskonflikten. Weißsein wird ein Synonym für christliche Reinheit.[13]

Kolonialismus. Als 1492 Kolumbus bei dem Versuch, einen neuen Seeweg nach Indien zu finden, Amerika »entdeckte«, beginnt die Kolonialisierung Amerikas und die Versklavung und Vernichtung der indigenen Bevölkerung. Bereits Kolumbus zeigte überhaupt kein Interesse an den Menschen oder der Kultur, es fand kein Dialog zwischen ihnen und den Kolonialisten statt. Vielmehr wurden die Menschen unmittelbar zum Eigentum der spanischen Krone erklärt. Es folgten Zwangschristianisierungen und Versklavung. Über siebzig Prozent der indigenen Bevölkerung kamen ums Leben – überwiegend durch Krankheitserreger, denen die Menschen in Amerika schutzlos ausgeliefert waren, aber auch durch gezielten Völkermord. Da dadurch zu wenige versklavte Arbeitskräfte zur Verfügung standen, fanden bereits 1510 die ersten Deportationen von Sklaven aus Afrika nach Südamerika statt. Seither haben Millionen von ihnen die Überfahrt nicht überlebt. Im Zuge der Eroberung Lateinamerikas wurden enorme Reichtümer gestohlen, Kulturen vernichtet, Menschen getötet oder versklavt – all das erschien damals hochgradig legitim.[14]

Während die nationale Einheit zu einer Homogenisierung der spanischen Gesellschaft führte, wurde durch den Kolonialismus eine Gesellschaftsform etabliert, bei der die Hautfarbe die alles entscheidende Rolle spielte. Diese Entwicklungen fanden bereits vor der Aufklärung und vor der Entstehung des Kapitalismus statt. Allerdings haben Aufklärung und Kapitalismus den Rassismus und den Kolonialismus weiter stabilisiert und verstärkt.

Die Aufklärung spielt eine zentrale Rolle für das Verständnis von Rassismus und Kolonialismus. Religiöse, politische und ökonomische Gedanken, die bereits im 15. und 16. Jahrhundert entstanden waren, wurden nun rationalisiert, also wissenschaftlich fundiert. Schon im 16. und 17. Jahrhundert wurde das Rassekonzept vom Tier- und Pflanzenreich auf den Menschen übertragen. Auch die Vorstellung von der blutreinen Adelsrasse stammt aus dieser Zeit.[15] Im 18. Jahrhundert, dem Jahrhundert der Aufklärung, etabliert sich der Rassebegriff, und »Rassentheorien« werden entwickelt. In der Aufklärung fand die Suche nach »Rassenmerkmalen« ihren Höhepunkt. Die Besessenheit der Aufklärer, zu ordnen, zu klassifizieren und zu objektifizieren, führte dazu, dass Menschen nach Hautton geordnet, aber auch Schädel, Skelett, Augenform und Haarstruktur, die Geschlechtsorgane und die Körperbehaarung analysiert und in der Regel auch im Hinblick auf Charaktereigenschaften und Kompetenzen hierarchisiert wurden.[16] Immer stand die »Race der Weißen« (Kant) an der Spitze, und die anderen – mal waren es drei, mal über ein Dutzend anderer – Rassen wurden ihr untergeordnet. 1775 wurde die »Rassentheorie« von Immanuel Kant im deutschen akademischen Sprachraum etabliert. Diese hatte er weitgehend selbst entwickelt, man muss also sagen, dass Kant nicht wie die allermeisten Aufklärer deshalb rassistisch war, weil er Kind seiner Zeit war, sondern er hat im Hinblick auf die Entwicklung der Rassenlehre seine Zeit geprägt.[17] Auf der untersten Stufe der Hierarchie standen für Kant die indigenen Völker Amerikas. Sie wurden kaum mehr als Menschen angesehen. *Zumindest* indirekt wurden so – aus dem Elfenbeinturm der Königsberger Universität – ihre Vernichtung, Enteignung und Versklavung legitimiert. Eine Stelle weiter oben standen die Bewohner Afrikas, und an zweiter Stelle die Inder, die aussähen wie Philosophen, aber nur die Künste beherrschten, nicht aber die Wissenschaft. Vollkommen ist laut Kant ausschließlich die »Race der Weißen«.[18]

Für Hegel war Afrika ein geschichtsloser Kontinent, ohne Kultur und Bedeutung. Er wusste um die großen antiken Hochkulturen in Karthago (dem heutigen Tunesien) und in Ägypten – zählte diese aber kurzerhand nicht zu Afrika. Dass Sklaverei unrecht sei, sagt er deutlich, allerdings müsse das Leben in Freiheit erst erlernt werden.[19] *Zumindest* indirekt ließ sich so die Haltung begründen, man nehme den Schwarzen nichts, sondern gebe ihnen mit der Kolonialisierung Kultur und die Fähigkeit zur Freiheit. Im Unterschied zu Kant entwickelte Hegel aber keine eigene Rassenlehre, kann also eher als »Kind seiner Zeit« bezeichnet werden.

Das Zeitalter der Aufklärung zeichnete sich insbesondere dadurch aus, dass die Dinge und die Ordnung nicht mehr einfach hingenommen wurden, sondern sie mussten erklärt und begründet werden: Es entstand der Zwang, die durch Kolonialismus und Sklaverei etablierte »Rassen-Kasten-Gesellschaft« ursächlich zu erklären.[20] Aber es bestand auch eine andere Notwendigkeit: Immer wieder gab es Kritik an Unterdrückung, Sklaverei und Gewalt. Man brauchte Legitimation und man (er)fand Legitimation. Durch die Erfindung der Menschenrassen und die Entwicklung einer pseudowissenschaftlichen Rassenlehre konnten die Gegenwart und die Geschichte erklärt und gerechtfertigt werden. Mit rassistischem Wissen konnte man mit bestem Gewissen ausbeuten und unterdrücken: Man nahm nicht, man gab.

Es ist bezeichnend und folgenschwer, dass zeitgleich und von denselben weißen europäischen Denkern zwei Konzepte entwickelt wurden: auf der einen Seite der Humanismus und die Vorstellung von der Vernunft und der Freiheit des Menschen sowie auf der anderen Seite die qualitative Abstufung der Menschen in »Rassen«, die mit einer Entmenschlichung eines Großteils der Menschheit einherging. Es entstehen Menschenrechte, und mit ihnen wird die Begründung geliefert, weshalb sie für die meisten nur (sehr) eingeschränkt gelten. Durch Globalisierung und europäischen Kolonialismus findet ein Export der Rassenlehre in die Welt statt (auch des Antisemitismus).[21]

Rassismus wurde also keineswegs als Ideologie vom Volk, also »von unten«, entwickelt und etabliert, sondern im Gegenteil: Die Krone schaffte die Rahmenbedingungen, die Eroberer schafften Fakten, und die Wissenschaft schaffte die Ideenlehre. Diese Lehre wurde dann zunächst in der Universität und später in den Schulen allen Menschen in Europa gelehrt, wodurch sich die Ideologie über Jahrhunderte hinweg in den Köpfen festsetzte. Im darauf folgenden 19. Jahrhundert lag die Hochphase des Kolonialismus, die erst nach dem Zweiten Weltkrieg endete: die nächste wichtige Etappe für das Verständnis von Rassismus. Im Kapitalismus fand der Kolonialismus deshalb seinen Höhepunkt, weil für die wachsende Produktion Ressourcen benötigt wurden.

Welchen Anteil Deutschland an Kolonialismus und rassistischen Exzessen hat, wird in Deutschland bis heute noch vergleichsweise wenig reflektiert. Tatsächlich weist Deutschland einige Besonderheiten auf.[22] Polnischsprachige Gebiete standen insgesamt etwa 150 Jahre lang unter deutscher Herrschaft. Größte Verbrechen wurden an Juden, Sinti und Roma begangen. Weitere europäische Staaten und Bevölkerungen waren vom deutschen Imperialismus stark betroffen. Völkermorde und Kolonialisierung fanden »vor der Haustür« statt. Auch wenn es sich um weiße Menschen handelte, waren die Begründungen rassistisch – etwa wenn man den Polen unterstellte, sie bräuchten eine harte Hand, sonst würden sie im Chaos enden, man täte ihnen damit also einen Gefallen.

Zudem gab es durchaus – wenn auch weniger und für kürzere Zeiträume – deutsche Kolonien in Afrika (Togo, Kamerun, Deutsch-Südwestafrika/Namibia, Deutsch-Ostafrika/Tansania, Burundi, Ruanda) sowie in Asien und Ozeanien (Neuguinea, Samoa, Tsingtau in China). Im Jahr 1885 fand in Berlin die sogenannte Kongokonferenz statt, zu der Otto von Bismarck die europäischen Mächte, die USA und das Osmanische Reich einlud. Hier wurde der afrikanische Kontinent mehr oder weniger konkret aufgeteilt, ohne dass lokale kulturelle oder ethnische Besonderheiten berücksichtigt wurden – mit schwerwiegenden Folgen bis heute. 30 Jahre später war fast der gesamte Kontinent unter europäischer Herrschaft. In Deutsch-Südwestafrika fand der erste Völkermord des 20. Jahrhunderts statt: Zehntausende Herero und Nama kamen ums Leben, Überlebende wurden in Konzentrationslagern interniert. Die deutsche Bundesregierung hat erst im Jahr 2021 diesen Völkermord als solchen offiziell anerkannt.[23] Wie stark die Kolonialzeit nachwirkt, zeigt der Völkermord in Ruanda mit bis zu einer Million Todesopfern. Die Minderheit der Tutsi wurde von der deutschen Kolonialmacht um 1900 zu Quasi-Weißen definiert, wodurch sie über die Mehrheit der Hutu herrschen konnten. Der hier entstandene Hass hielt ein ganzes Jahrhundert an und entlud sich 1994 in dem Genozid, bei dem der Großteil der Tutsi ums Leben kam.

Der durch die Rassenlehre erhobene Anspruch der »Herrenrasse« auf Herrschaft, Macht und Privilegien, drückt sich ab der Machtübernahme der Nationalsozialisten aus. Die Rassenlehre wurde durch die Nürnberger Rassegesetze in aller Konsequenz umgesetzt. Mit einem komplexen System von Konzentrations- und Vernichtungslagern wurden Völkermorde mit industriellen Mitteln vollzogen: Die Shoa, der Völkermord an den Juden, sowie Porajmos, der Genozid an den Roma und Sinti. Kranke Menschen, Menschen mit Behinderung, Homosexuelle und politische Gegner wurden diskriminiert, verfolgt und getötet.

Rassismus als Herrschaftsideologie hatte eine Reihe von extremen Ausformungen: *Kolonialisierung* größter Teile der

Welt, auch in Europa; *Sklaverei,* von der am stärksten Afrika betroffen war; *Ausrottung* ganzer Völker, insbesondere in Amerika; der *Nationalsozialismus* als Zuspitzung der Rassenlehre und der *Holocaust* als intendierter industrieller Völkermord, von dem insbesondere Juden und Roma betroffen waren; *Apartheid,* die Rassentrennung, die noch lange in den USA, Namibia und Südafrika vorherrschte. Heute sind diese extremen Formen kaum noch zu beobachten. All diese Exzesse des Rassismus basierten auf der expliziten Rassenlehre, dem offenen Rassismus, den es heute in dieser Form kaum noch gibt. Vielmehr handelt es sich heute zunehmend um latente, subtile, implizite oder strukturelle Formen.

Im Konstrukt »Rasse« vereinen sich von Anfang an natürliche und kulturelle Merkmale – in der damaligen Vorstellung insbesondere Blut und Religion. Während damals die biologische Begründung im Vordergrund stand, ist es heute die kulturelle, da sich biologisch keine Menschenrassen begründen lassen. Da aber vom Prinzip her das Gleiche passiert, lässt sich die Beibehaltung des Begriffs Rassismus auch ohne biologische Rassen rechtfertigen. Denn die gleichen Personengruppen werden stigmatisiert und benachteiligt, lediglich das Begründungsmuster hat sich verschoben. Auch wenn zum Teil von Neo-Rassismus oder Kulturrassismus die Rede ist, hat es sich international etabliert, am Rassismusbegriff festzuhalten.[24] Entsprechend beziehen sich kaum noch rechte Gruppierungen auf die wissenschaftlich widerlegte Rassenlehre. Sie wurde durch die Kulturkreislehre ersetzt. Rassismus wird heute weitgehend geächtet. Als Rassist:in will keiner gelten.

Als die zentralen Ursprünge und Entstehungsbedingungen des Rassismus können die Herausbildung des Nationalstaats, der Kolonialismus, die Aufklärung und die Rassenlehre genannt werden. Sie sind die wesentlichen Eckpfeiler und deuten klar an, dass es sich um eine Ideologie der Eliten handelt.

In diesen Ausführungen unberücksichtigt bleiben die vielen Europäer:innen und insbesondere Deutschen, die ausgewandert sind, etwa nach Nordamerika. Die meisten heute lebenden US-Amerikaner:innen haben laut der vergangenen Volkszählungen Wurzeln in Deutschland. Auch dies ist eine Form des Kolonialismus, weil durch Migration und aggressive Siedlungspolitik die einheimische indigene Bevölkerung verdrängt wurde. Ursache war ein enormes Bevölkerungswachstum in Europa und die Verfolgung der Protestanten durch die Katholiken, beides selbst Folge des Kolonialismus. Die dramatische Geschichte in aller Kürze: Durch den Import von Nahrung aus Südamerika (vor allem der Kartoffel) nach Europa kam es zu einem enormen Bevölkerungswachstum. Durch die Eroberung Südamerikas, die Quasi-Ausrottung der indigenen Bevölkerung und die Plünderung ihrer Reichtümer hatten die Katholiken die Mittel, um die Protestanten (vor allem in Nord- und Mitteleuropa) zu unterdrücken. Diese flüchteten nach Nordamerika, was zur Quasi-Ausrottung weiter Teile der indigenen Bevölkerung dort führte. Deshalb ist bis heute Südamerika katholisch und Nordamerika protestantisch. Ähnlich tragisch waren die Zusammenhänge in Afrika: Durch den brutalen Sklavenhandel, bei dem die Europäer an der westafrikanischen Küste Sklaven von afrikanischen Händlern kauften, wurden die afrikanischen Völker (u. a. durch eine Verringerung der männlichen Bevölkerung und durch größere Spannungen zwischen den »Stämmen«) stark geschwächt, was es den Europäern wesentlich erleichterte, nahezu den gesamten afrikanischen Kontinent zu kolonialisieren.

Die Geschichte des Rassismus und Kolonialismus ist gespickt von solchen fatalen Zusammenhängen. Ohne sich mit dieser Geschichte zu beschäftigen, ohne Rassismus und Kolonialismus zu thematisieren, wird man die Welt, wie sie ist, rassistisch deuten – und damit Ursache und Wirkung verwechseln. Nord-, Mittel- und Südamerika, Afrika und Australien sind in wesentlichen Teilen das, was Europa aus ihnen gemacht hat. Völker wurden verschleppt, versklavt und vernichtet. Dies wurde damit legitimiert, dass sie keine vollwertigen Menschen seien. Sie verloren durch Jahrhunderte der Unterdrückung weite Teile ihrer Kultur, in vielen Völkern gibt es keine kulturelle Erinnerung aus der Zeit vor Kolonialismus und Sklaverei. Man nahm den Menschen nicht nur ihr Land, ihre Ressourcen und ihre Körper, sondern auch das Menschsein. Diese Entmenschlichung von Nichteuropäern fand zeitgleich mit der Entstehung der Idee des freien Menschen statt.

Wenn wir heute auf die Welt blicken, dann sehen wir eine postkoloniale Welt, die sich ohne eine Auseinandersetzung mit der Geschichte des Rassismus nicht verstehen lässt. Heute ist Rassismus nicht mehr so offensichtlich, nicht so brutal, es kommt kaum noch zu Exzessen. Vieles ist heute ganz anders und sicher besser als in den vergangenen Jahrhunderten, aber es ist auch komplexer. Dass das Geburtsland eines Menschen für seine Lebenschancen die entscheidende Rolle spielt, ist eine Folge der rassistischen und kolonialen Vergangenheit. Entsprechend lassen sich Migration und Globalisierung in der postkolonialen Welt nicht ohne die Geschichte des Rassismus begreifen.

3. Struktureller Rassismus: Sprache, Wissen, Sozialstruktur, Wertesystem

Heute ist es weitgehend Konsens, Rassismus abzulehnen, und zugleich ist er überall noch wirksam. Deshalb erscheint es sinnvoll, von strukturellem Rassismus zu sprechen. Mit diesem Begriff ist mehr gemeint als nur die Differenz zwischen Anspruch und Wirklichkeit im Hinblick auf die Grundwerte einer Gesellschaft. Vielmehr geht es um die noch relativ junge (und bewusste) Bekämpfung einer über Jahrhunderte wirksamen Ideologie, auf deren Fundament vieles gebaut wurde, was uns heute lieb und teuer ist. Die Erfindung der Menschenrassen und die Entwicklung des modernen Rassismus zu einer etablierten Herrschaftsideologie gingen einher mit den sich bildenden Nationalstaaten und globalem Handel, mit der Etablierung der modernen Wissenschaft und der Idee der Freiheit und Vernunftbegabung des Menschen. Wie in Kapitel 2 dargestellt, lässt sich ohne die systematische Auseinandersetzung mit der Geschichte von Rassismus und Kolonialismus die Welt(un)ordnung, also die Gegenwart von Globalisierung und Weltgesellschaft, gar nicht begreifen.

Jede Gesellschaft wird durch historisch gewachsene Strukturen getragen, in die die Geschichte eingeschrieben ist. Daher kann man davon sprechen, dass Rassismus strukturell überall in Kultur und Gesellschaft verankert und damit in allen Bereichen wirksam war und ist. Genau das meint der Begriff »struktureller Rassismus«, dass sich nämlich die Wirkung der rassistischen Geschichte *überall* entfaltet. Überall meint: in den gesellschaftlichen und kulturellen Tiefenstrukturen. Selbst dann, wenn dies keiner mehr möchte. Damit wären wir bei einer weiteren zentralen Erkenntnis: Wo auch immer wir nach Rassismus suchen, werden wir etwas finden.

Und so entdeckt man in zunehmender Frequenz und Intensität in allen Bereichen des Gedenkens, Erinnerns und Ehrens die bis vor Kurzem kaum hinterfragten Spuren des Rassismus. In Dutzenden Fällen wurden die Namen von öffentlichen Plätzen, Straßen, Denkmälern oder Haltestellen beanstandet – und zum Teil auch schon geändert.[25] Selbst in den Kinderzimmern wurde Rassismusrelevantes gefunden, in Märchen, Kindergeschichten, Liedern und Spielen – die prominentesten Fälle sind sicher Jim Knopf und Pippi Langstrumpf, der offensichtlichste Fall »Zehn kleine N*lein«.[26] Während man bei diesen alten Geschichten nicht überrascht sein darf, sollte es schon verwundern, dass selbst in aktuell genutzten Schulbüchern die gesamte Palette rassistischer Darstellungen identifizierbar ist, ohne dass dies den herausgebenden Verlagen oder Lehrkräften aufzufallen schien.[27]

In der Literaturgeschichte – von William Shakespeares »Othello« über Daniel Defoes »Robinson Crusoe« bis hin zu Karl May – überall spricht offener Rassismus aus den Werken oder ist zumindest ein starkes rassistisches Fundament erkennbar. Was in vielen Museen gezeigt wird, wird genauso kritisch hinterfragt wie die grundsätzliche Praxis der Völkerkundemuseen.[28] Während sich das Völkerkundemuseum[29] bis heute gehalten hat – was erstaunlich ist –, gilt dies etwa für den Kolonialwarenladen nicht, auch wenn der Name einer großen Supermarktkette noch daran erinnert. Die *Einkaufsgenossenschaft der Kolonialwarenhändler* – abgekürzt E. d. K. – gründete sich um 1900 und wurde später zu dem noch heute bestehenden EDEKA umbenannt. Es ist gar nicht so lange her, da konnte man noch N*küsse bei Edeka kaufen, und noch heute gibt es dort Z*soße.[30]

Für den Alltag und das Leben von Betroffenen stellt Rassismus in der Polizei, dem Justizsystem, in Bildungsinstitutionen oder dem Arbeitsmarkt eine viel größere Lebens- und Teilhabegefahr dar. Bevor diese Aspekte (in Kap. 5) thematisiert werden, lohnt sich die genauere Betrachtung der eher unscheinbaren Bereiche des Alltags.

Bei jedem Spaziergang, an jeder Haltestelle, im Museum, in der Bibliothek, beim Einkaufen, auf der Speisekarte oder im Kinderzimmer: Rassismus überall. Es ist ein Muster, eine strukturelle Regelmäßigkeit. In drei gesellschaftsübergreifenden Bereichen lässt sich das Strukturelle des Rassismus zeigen: in den kulturellen, sozioökonomischen und normativen Fundamenten. In diesen drei Bereichen, die immer und überall unser Leben prägen, kann nachgewiesen werden, dass das rassistische historische Erbe heute noch Wirkung entfaltet (Kultur, Sozialstruktur, normative Legitimationsstruktur).

Die intimste Zone einer *Kultur* ist ihre Sprache. In der Sprache selbst sind die Herrschafts- und Ungleichheitsverhältnisse eingeschrieben, weil sie die Entwicklung der Sprache selbst geprägt haben. In der Praxis des Genderns (oder Nicht-Genderns) erkennt man die Schwierigkeiten auf dem Weg, diese zu überwinden, auszugleichen oder auch nur kenntlich zu machen.[31] Bestimmte Zusammenhänge, etwa zwischen den Wörtern Herr (Mann), herrlich (super) und Herrschaft (Dominanz), sind historisch begründet, weil sie realen Verhältnissen entsprochen haben. Wörter, die Resultat rassistischen Denkens sind, gibt es zahlreiche: N* als Bezeichnung der »Menschenrasse«, die in Schwarzafrika* verortet wird. Der Logik folgend wurden die Kinder von einem schwarzen und einem weißen Eltern Mulatten* (= Maultier, also Kreuzung zwischen Pferd und Esel) oder auf Deutsch Mischling* genannt. Machtverhältnisse drücken sich überdies in der Endung -ling aus, etwa bei Häupt*ling* oder Flücht*ling*.[32]

Die Sprache beeinflusst das Denken und somit die (Wahrnehmung der) Realität. Dennoch wird der Einfluss der Sprache (als Medium) auf die Realität wahrscheinlich überschätzt. Vielmehr gibt es rassistische Wissensbestände, die sich tief in die kollektiven mentalen Strukturen eingeschrieben haben. Vorurteile sind in aller Regel negative Zuschreibungen gegenüber einer Gruppe. Sie führen zu Skepsis, Vorsicht oder gar Angst vor Fremdem und scheinen dabei genauso »typisch Mensch« zu sein wie die Neugierde, die entsteht, sobald man festgestellt hat, dass das Fremde nicht gefährlich ist. Schützende Zurückhaltung und interessiertes Forschen bedingen sich wechselseitig. Rassistische Vorurteile, wie sie heute erkennbar sind, entsprechen diesem typisch-menschlichen Verhalten in zweierlei Hinsicht nicht: Erstens bezieht sich das Verhalten keineswegs (nur) auf Fremde(s), zweitens unterdrückt es geradezu die Neugierde.[33] Man kann sogar so weit gehen, dass Rassismus dafür sorgt, dass bestimmte Menschen immer fremd bleiben, weil »fremd« durch »anders/minderwertig« ersetzt wird und damit ein dauerhaftes Herrschaftsverhältnis entsteht – das Prinzip des *Othering* bzw. der *VerAnderung.* Und indem Rassismus eine Erklärung für die Andersheit bietet, wird die Neugierde – wenn nicht verunmöglicht, dann zumindest – verunnötigt. Rassismus ist also nicht nur nicht typisch Mensch, sondern unterdrückt in zweifacher Hinsicht typisch Menschliches und eignet sich gerade deshalb überhaupt erst als Herrschaftsprinzip. Er ist nicht Natur, sondern Kultur. Er kanalisiert Ängste, bietet Orientierung, stärkt den Selbstwert durch Hierarchiebildung. Er hat kulturelle Funktionen: Er funktioniert und ist in dieser Hinsicht für Herrschende und Privilegierte eine ständige, eine strukturelle Versuchung.

Nun gibt es mehrere Gründe dafür, den Begriff des »Vorurteils« kritisch zu hinterfragen, denn er suggeriert, dass es sich um irrationales Denken, um ein Defizit des Urteilenden, um einen Makel innerhalb der eigentlich guten Gesellschaft handelt, also: um ein individuelles, nicht-strukturelles Problem. Die Tatsache, dass nahezu alle Menschen die »wichtigsten« Vorurteile kennen, deutet bereits darauf hin, dass der Vorurteilsbegriff irreführend ist. Man kann bereits Schulkinder fragen, welche Vorurteile es gegenüber jüdischen oder muslimischen Menschen, gegenüber Roma und Sinti oder anderen PoC gibt, fast alle kennen sie.[34] Erwachsene kennen sie alle. Das ist bemerkenswert, denn nicht alle kennen die Hauptstädte der Bundesländer oder die aktuellen Bundesminister:innen oder die Hintergründe für die vielen gesetzlichen und kirchlichen Feiertage. All das wäre doch sinnvolles Wissen (in Deutschland). Stattdessen weiß jeder und jede, was man nicht wissen sollte beziehungsweise was irrationales Wissen ist. Bereits als Kind.

Wenn alle die Vorurteile kennen, unterscheiden sich die Menschen nur noch danach, ob sie sie »glauben« oder »kritisch sehen« oder »ablehnen«. Und sie unterscheiden sich in betroffene und nicht-betroffene Menschen. Aber alle teilen einen gemeinsamen Wissensbestand. Und genau darum handelt es sich: *rassistisches Wissen*. Dieser Begriff wurde im deutschsprachigen Kontext maßgeblich von Mark Terkessidis geprägt, und er macht deutlich, dass es sich um ein strukturelles Phänomen handelt.[35]

Diese Wissensstrukturen sind auch deshalb hartnäckig, weil sie zum einen sehr flexibel und dynamisch gebaut sind und sich deshalb kaum widerlegen lassen. Zum anderen bestätigen sie sich regelmäßig, auch weil sie nicht (ganz) falsch sind. Wenn man einer rassifizierten Gruppe nachsagt, etwa aggressiv oder egoistisch zu sein, dann wird sich dieses »Vorurteil« regelmäßig bestätigen müssen, weil die typisch menschlichen Eigenschaften aggressiv und egoistisch bei jedem Menschen beobachtbar sein werden, wenn man lange genug wartet. Wenn man nun besonders aufmerksam bei bestimmten Menschen sucht, dann werden umso häufiger die erwarteten Eigenschaften gefunden. Man sucht genau dort, wo rassistisches Wissen jemanden hinführt, häufiger und intensiver.

Und es gibt ein klares *Frame,* einen Rahmen, in dem es zu musterartigen Deutungen kommt. Hat man die strukturelle Erwartung, dass schwarze Männer aggressiv und gefährlich sind, dann bedeutet das keineswegs, dass man immunisiert wäre, eine andere Realität wahrzunehmen. Allerdings wird durch das *Framing* das Muster aufrechterhalten. Man sagt dann: »Das war aber ein lieber Typ«, und formuliert eine Ausnahme von der Regel. Die Regel, dass schwarze Männer bedrohlich sind, bleibt bestehen. So lässt sich auch erklären, warum man im Freundeskreis PoC hat oder gar mit einer schwarzen Person verheiratet ist und dennoch dieses Muster zeigt. Andersherum: Wenn ein weißer Mann aggressiv und bedrohlich ist, wird dies selbstverständlich nicht auf seine Hautfarbe zurückgeführt, sondern auf individuelle Besonderheiten, meist: Krankheit oder Klassenzugehörigkeit. Das Wissensrepertoire ist also systematisch so gebaut, dass »Schwarz« für regelhaft Negatives steht und »Weiß« für prinzipiell Gutes. Beobachtet man das jeweilige Gegenteil, handelt es sich um die positive Individualität dieses schwarzen oder um ein individuelles Defizit dieses weißen Menschen.

»Vorurteile« beziehen sich also in der Regel auf *typisch menschliches* Verhalten, werden von fast *allen* Menschen gekannt und können sich trotz gegenteiliger Erfahrungen *stabilisieren* – in ihrer Funktionalität sind sie also genial konstruiert. Hinzu kommt nun aber, dass sich eine ganze Menge von Vorurteilen real bestätigt. Es ist tatsächlich so, dass weiße Menschen im Hinblick auf Bildung, Einkommen, Vermögen und Status eindeutig überlegen sind – und zwar national wie global. Oder andersherum: Es ist ein empirischer Befund, dass materielle Armut, Bildungsarmut, mangelnde physische und soziale Sicherheit ein Problem von nicht-weißen Menschen ist. Die *Sozialstruktur* spricht eine sehr deutliche Sprache.

Das bedeutet, dass jeder aufmerksame Mensch ganz unabhängig von phänotypischen Merkmalen und Identität erkennt (und weiß), dass die Welt im Hinblick auf Status, Erfolg, Leistung, Innovationskraft und Wohlstand – alles wichtige moderne, sozioökonomische Prinzipien der Hierarchiebildung – weiß ist. Weiße Menschen erleben sich regelmäßig in einer überlegenen Position, sei es im Verhältnis zu nichtwestlichen Ländern, oder sei es im Vergleich zu nicht-weißen Mitmenschen. Diese globalen und nationalen Verhältnisse werden als Normalität erlebt, als nicht hinterfragbare Selbstverständlichkeit.

Von rassistischem Wissen kann also auch deshalb gesprochen werden, weil Überlegenheit und Unterlegenheit nicht etwa imaginiert werden, sondern weil sie sich vielmehr im Alltag, in der subjektiven Erfahrungswelt und in der empirischen Evidenz manifestieren. Vorurteile bestätigen sich also häufig ganz von selbst.[36] Insbesondere wenn sie sich auf die sozioökonomischen Verhältnisse beziehen, sind sie nicht (ganz) falsch.[37]

Damit ein Vorurteil abgebaut werden kann, müssten mindestens zwei Rahmenbedingungen vorliegen: beständiger Kontakt mit *mehreren* PoC – damit es zumindest nicht mehr rational erscheint, positive Erfahrungen als seltene Ausnahmen zu begreifen, und um die Wahrscheinlichkeit zu erhöhen, die Perspektive von PoC zu erfahren –, und diese PoC sollten zudem statusgleich sein, weil statusungleiche Beziehungen die Bestätigung von Stereotypen begünstigen.[38] Diese beiden Bedingungen werden durch Rassismus selbst nahezu verunmöglicht.[39] Die systematische »Rassentrennung« und die systematische Verhinderung gleicher sozialer Teilhabe sind über Jahrhunderte hinweg wirksam gewesen und prägen so notwendigerweise noch die Gegenwart. Die kulturellen Wissensbestände verweisen auf die Sozialstruktur und die Sozialstruktur wiederum auf die Wissensbestände.

Argumentationsmuster, die der These folgen, ungleiche Teilhabe verlaufe hauptsächlich entlang der sozialen Herkunft und damit sei Klasse wichtiger als »Rasse«, sind mittlerweile richtig.[40] Wenn man jedoch berücksichtigt, dass in der Unterklasse PoC deutlich überrepräsentiert sind (und in der Oberklasse noch deutlicher unterrepräsentiert), wird klar, dass sich rassistische und klassistische Geschichte derart überlagern und vermengen, dass man zum einen Klassismus und Rassismus gar nicht mehr ohne Weiteres voneinander trennen kann und zum anderen die Mechanismen der Reproduktion von Ungleichheit für die Betroffenen kaum wahrnehmbar sind. Konkret: Kein rassifizierter oder migrantisierter Mensch kann die Frage beantworten, ob er schlecht behandelt wird oder sich in prekärer Lage befindet, weil er schwarz oder migrantisch ist oder etwa weil er arm ist, und ob er vielleicht arm ist, weil er schwarz oder migrantisch ist. Global betrachtet beeinflusst im Übrigen nach wie vor der Geburtsort (das Geburtsland) die Lebenschancen eines Menschen am stärksten – und nicht die Klassenherkunft. Die Weltgesellschaft sieht noch nach der »Rassen-Kasten-Gesellschaft« aus, zumindest ist der Übergang zur »Rassen-Klassen-Gesellschaft« längst nicht vollständig erreicht. Deutlich weiter ist der Status quo in offenen Gesellschaften.

Und hiermit sind wir nun bei der dritten, der *normativen Struktur*, die die Verhältnisse und die Gesellschaft insgesamt legitimiert. Dass die Lebenschancen eines Menschen weitgehend per Geburt(sort) feststehen, ist gerade mit dem europäischen Wertesystem kaum vereinbar. Diese »Ordnung« wurde zudem durch die europäische Kolonialgeschichte hergestellt. Geflüchtete und alle anderen Migrant:innen, die das Schicksal per Geburt nicht hinnehmen wollen, ihr Leben selbst in die Hand nehmen und sich auf den Weg nach Europa machen, folgen der europäischen Idee – kognitiv und körperlich. Gleichzeitig entsprechen der Umgang mit der EU-Außengrenze, vor allem am Mittelmeer[41], sowie die allgemeine europäische Migrationspolitik dieser europäischen Idee nicht.[42] So lässt sich wahrscheinlich erklären, dass es mit Willkommenskultur auf der einen und Abschottung auf der anderen Seite derart starke und zugleich widersprüchliche Tendenzen gab und gibt.[43]

Ähnliches lässt sich auch auf der nationalen Ebene (im »Westen« insgesamt) zeigen. Bereits der sehr moderne Begriff der *sozialen* Ungleichheit verweist darauf, dass es weder natürliche noch gottgegebene Gründe sind, die die ungleichen Lebenschancen und die Hierarchien in der Gesellschaft produzieren, sondern soziale, also menschengemachte. Ungleiche Verhältnisse werden (in westlichen Gesellschaften) als legitim angesehen, wenn rein formal alle Menschen unabhängig von askriptiven Merkmalen freien und gleichen Zugang zu gesellschaftlich relevanten Ressourcen sowie vergleichbare Partizipationsmöglichkeiten haben.[44] Askriptive Merkmale legitimieren in einer offenen Gesellschaft (oder liberalen Demokratie) ungleiche Verhältnisse ausdrücklich nicht, weil sie nicht Ertrag einer Tätigkeit oder Leistung, das heißt leistungsfremd, sind. Denn das Leistungsprinzip ist die stärkste Legitimation von Ungleichheit: Die Besten, Leistungsfähigsten, Klügsten und Fleißigsten sollen mehr bekommen als andere.

Diese normativen Strukturen bilden nun indirekt die Legitimation für Rassismus und seine Folgen: Einerseits drückt sich in ihnen die Ächtung von Rassismus aus (weil sie die Ungleichheit aufgrund askriptiver Merkmale delegitimieren), und entsprechend sind sie explizit antirassistisch, andererseits legitimieren sie die historisch gewachsenen rassistisch geprägten Strukturen. Beides, Chancengleichheit und Leistungsgerechtigkeit, ist gleichermaßen nicht gegeben, aber nicht aufgrund harter, offensichtlicher Barrieren oder gar rechtlicher Beschränkungen. Vielmehr sind es ganz überwiegend verborgene Mechanismen, die sich überhaupt nur in komplexen Analysen zeigen. Sie sind daher den Betroffenen gar nicht reflexiv zugänglich. Und zugleich wahren diese Legitimationsgrundlagen stets den Anschein, die Regeln seien neutral, die Kriterien (für die Leistungsbeurteilung) objektiv und die Zugänge zu sozialer Teilhabe gleich.

Ähnlich wie bei Sexismus und Klassismus auch handelt es sich um jahrhundertealte Herrschafts- und Unterdrückungsverhältnisse. Zu glauben, diese ließen sich in kurzer Zeit auflösen, nur weil man heute keine unterdrückende Gesetzgebung mehr hat, erscheint ähnlich sinnvoll wie zu glauben, dass, nur weil eine neue Bundesligasaison mit gleichen Spielregeln für alle beginnt, der 1. FC Köln mit der gleichen Wahrscheinlichkeit Deutscher Meister werden kann wie der FC Bayern München – und da hilft es auch nicht, wenn alle (inklusive des FC Bayern) sich mehr Ausgeglichenheit und Spannung wünschen. Es gibt zum einen einen historisch bedingten Startnachteil (Vermögen, Netzwerk, Prestige) auf der Ebene der Individuen. Zum anderen sind die Regeln selbst und die Kriterien der Leistungsfeststellung historisch gewachsen und damit nicht neutral und objektiv.[45] Regeln und Rahmenbedingungen müssen gar nicht eine Gruppe benachteiligen, sondern es reicht vollkommen aus, wenn eine Gruppe (in der Regel »weiße Männer«) privilegiert wird – aber dazu später. Und die Legitimation der sozioökonomischen Verhältnisse erscheint umso höher, je teildurchlässiger und latenter die diskriminierenden Strukturen sind.

Alle genannten Aspekte, also die kulturellen, sozioökonomischen und normativen Strukturen, in die rassistische Muster eingeschrieben sind, werden im Alltag von Betroffenen dadurch manifest, dass es sich um eine Mehrfachbenachteiligung in einem umfassenden Sinne handelt, die aber nicht als Diskriminierung, also nicht als illegitim zutage tritt. Die Konzentration (= Segregation) von Armut auf der einen und Wohlstand auf der anderen Seite einer Stadt stellt das räumliche Abbild der abstrakten Sozialstruktur dar. Die Folgen von strukturellem Rassismus lassen sich in segregierten Stadtgebieten konkret beobachten. Dort konzentrieren sich in der Regel sowohl Arme als auch Migrant:innen. Genau dort ist der Arbeitsmarkt »schwach«, die staatlichen Institutionen in einem ungünstigen Zustand, das Image schlecht und so weiter. Die Wahrscheinlichkeit, dass Polizei und Ordnungsamt nicht genau hinschauen und etwa die vielen Begleiterscheinungen von Obdachlosigkeit, Prostitution und Drogenhandel auch in unmittelbarer Umgebung von Kitas, Grundschulen und Spielplätzen dulden, ist um ein Vielfaches höher als in den großbürgerlichen Zonen der Städte. Wenn man dann als Jugendliche:r mit der Polizei oder dem Ordnungsamt in Berührung kommt, dann ist die Wahrscheinlichkeit relativ hoch, dass man besonders hart angepackt wird. In diesen Quartieren ist es nicht selten dreckiger, die Feinstaub- und Lärmbelastung höher, die Stadtplanung misslungener, das allgemeine Angebot geringer als andernorts.

Andersherum kann kein Zweifel daran bestehen, dass viele arme Menschen gemeinsam in segregierten Stadtteilen leben, weil sie im Bildungssystem, dem Arbeits- und Wohnungsmarkt benachteiligt wurden (hierzu ausführlich in Kap. 6). Zudem ist der Anteil der Nicht-Wahlberechtigten (aufgrund des hohen Ausländeranteils) relativ groß. Das Zusammentreffen struktureller Benachteiligungen mit strukturellen Hindernissen der demokratischen Partizipation kann zu verfestigten »parallelgesellschaftlichen« Strukturen führen, die dann wiederum weitere Ausgrenzungen rechtfertigen. Es sind benachteiligte und zugleich benachteiligende Verhältnisse, in denen migrantisierte und rassifizierte Menschen systematisch häufiger leben. Meine Aussage »Egal, wo wir suchen, wir werden Rassismus finden« hat für Betroffene eine ganz andere Bedeutung, nämlich: Rassismus findet überall statt.[46] Und zwar nicht als Ergebnis einer Analyse oder einer Beobachtung, sondern als Erfahrung.

Je häufiger und systematischer Betroffene Rassismus erleben, desto schwerer fällt es ihnen, ihn als solchen wahrzunehmen. Denn er ist die alltagsprägende Realität. Strukturelle Benachteiligung und Ausgrenzung bekommen allein aufgrund der durchschlagenden Normalität eine Legitimität – etwas muss aus dem Rahmen fallen, um ernsthaft als illegitim zu gelten. Zugleich werden diese mehrfach benachteiligten Menschen nicht als Betroffene, Opfer oder Diskriminierte wahrgenommen, sondern als Makel im Stadtbild, als Gefahr, als Schmarotzer oder schlicht als Bewohner der No-Go-Areas – nicht selten mit Analogien zum Tierreich (»Zoo« oder »Dschungel«). Sprachlich werden die Verhältnisse ursächlich den Betroffenen zugeschrieben und damit legitimiert. In der Regel empfinden aber auch die Betroffenen selbst die Verhältnisse als legitim (hierzu ausführlich Kap. 6). Hier diffundieren also Sprache, sozioökonomische Verhältnisse und normative Legitimationsgrundlagen in allgemein geteilte Wissensbestände.

Struktureller Rassismus hat aus der Perspektive von Betroffenen eine gänzlich andere Qualität: Alle, sie selbst eingeschlossen, verfügen über rassistisches Wissen, das heißt, in jedem sozialen Kontext können diese Wissensstrukturen negativ wirksam werden, und selbst wenn sie es nur in fünf Prozent aller Fälle tun, dann passiert es täglich. Man wird stärker beobachtet und strenger bewertet: beim Einkaufen wegen

Ladendiebstahls, bei Fahrscheinkontrollen, an der Discotür oder von der Polizei. In all diesen Institutionen äußert sich der Rassismus sehr unterschiedlich in Form und Intensität, auch im Hinblick auf die Relevanz für die Lebenschancen, aber das Gemeinsame all dieser Bereiche liegt in der kulturellen, sozioökonomischen und normativen Struktur begründet.

Diese gesellschaftsumfassenden Strukturen sind abstrakt, komplex und entziehen sich weitgehend der Thematisierbarkeit. Es handelt sich um genau das, was Pierre Bourdieu mit dem Begriff Doxa zu umfassen versucht hat:[47] all die selbstverständlichen und unhinterfragbaren Vorstellungen, Verständnisse und Verhältnisse, also gewisse Teile der Wissens-, Werte- und Sozialstruktur. Die Doxa stabilisiert die Herrschaftsverhältnisse.

Der Befund ist nun klar: Das Doxische ist zugleich toxisch. Und gleichzeitig haben wir heute eine Situation, in der fast alles, was ich bisher hier formuliert und dargestellt habe, in starker Bewegung ist, denn: Das Doxische wird diskursiv. Heute wird unheimlich viel infrage gestellt und kritisiert. Junge Generationen sowie Menschen, die andere Erfahrungshorizonte einbringen, haben eher einen Zugang zur Doxa. Aufgrund des aktivistischen Engagements insbesondere von Frauen und PoC wird heute kontrovers darüber diskutiert, wie Zugehörigkeiten in der deutschen Gesellschaft neu ausgehandelt werden können und dass es nicht mehr selbstverständlich ist, wer dazugehört und wer nicht. Aber es wird auch kritisch hinterfragt, ob und inwieweit die »selbstverständliche« Deutung von Gewalt rational ist, etwa wenn bei der Tötung einer Frau mal von einem brutalen und primitiven Ehrenmord die

Rede ist und mal von einer Tragödie, einem Familiendrama oder gar einem Mord aus Leidenschaft – und inwieweit sich hier Sexismus und Rassismus kreuzen.[48]

So werden nun auch Privilegien der Privilegierten zur Disposition gestellt, aber auch bestimmte rassistische Normierungen, etwa die Hautfarbe selbst: Dass die Hautfarbe weißer Menschen als Farbton »Hautfarbe« gilt, ist bereits fragwürdig. Wenn aber die medizinische Forschung sich nur für eine Hautfarbe interessiert, kann es für die anderen lebensgefährlich werden, weil es kaum Wissen darüber gibt, so zum Beispiel bei Neurodermitis oder Hautkrebs auf schwarzer Haut.[49] Die Vorstellung, es gäbe nur eine Hautfarbe bei Menschen, ist hier wirksam. Wer in diesem Sinne nicht hautfarben ist, ist Farbige:r* beziehungsweise Coloured*. Das ist kein Versehen, es ist (oder war) doxische Struktur. Weiß ist (oder war) Standard und erste Klasse, also im wahren Wortsinn: Goldstandard. Genau dies ist in Bewegung geraten und verliert in unserer Gegenwart den Status des Doxischen (und des Toxischen).

In der Wissenschaft, die ja nicht unwesentliche Produzentin des Wissens ist, werden ebenso »blinde Flecken« gesucht, etwa mit dem Begriff der epistemischen Gewalt, also der Macht in der Sprache und den Diskursen, die mit sexistischen und rassistischen Wissens- und Wissenschaftsstrukturen zusammenhängen (können).[50] Daher darf es nicht überraschen, dass die Universität ein zentraler Austragungsort dieser Diskurse ist, und zwar nicht als akademische Übung, sondern als Konfliktfeld selbst: Neue und reflexive Perspektiven finden zunehmend Einzug in die Akademien, zugleich fühlen sich die etablierten Strukturen unter Druck gesetzt, weil tatsächlich regelmäßig rassistische Wissensbestände sowie rassistische Strukturen in den Elfenbeintürmen identifiziert werden (hierzu Kap. 8).

Das Hinterfragen von Doxischem muss immer tentativ verlaufen und entsprechend auch gelegentlich über die Stränge schlagen – man bewegt sich ja gerade nicht auf sicherem Terrain. Eine Gesellschaft, deren intimste Sphären, nämlich die Selbstverständlichkeiten, hinterfragt werden, ist in Aufruhr. An anderer Stelle habe ich dies metaphorisch mit der Neuaushandlung der Rezeptur des Kuchens, von dem alle ein Stück wollen, beschrieben. Es geht ja nicht zuletzt auch um das Infragestellen der Leistungsgesellschaft. Das Konfliktpotenzial wächst enorm. Zudem gibt es weitere junge Bewegungen, die grundlegende Selbstverständlichkeiten anzweifeln: neben der queeren Szene auch die neue Klimabewegung, die etwa vor dem Hintergrund der Ausbeutung anderer Menschen und des Planeten unangenehme Fragen im Hinblick auf das Wachstums- und Wohlstandsverständnis stellt.

Man kann also lapidar sagen: Wenn die Doxa diskursiv erfassbar wird, dann geht die Post ab. Und genau hier steht unsere Gesellschaft. Und aus dem Status quo lassen sich zwei zentrale Erkenntnisse ableiten. Erstens die schon mehrfach genannte: Ganz egal, wo wir Rassismus suchen, wir werden ihn finden. Mit etwas Sensibilität finden wir ihn sogar, ohne zu suchen. Warum? Weil der Rassismus im Fundament ist. Deshalb ist der Begriff »struktureller Rassismus« nach wie vor berechtigt. Zweitens: Würden sich Betroffene nicht lautstark Gehör verschaffen, würden sie sich nicht organisieren und Öffentlichkeit herstellen, um den Rassismus in den Strukturen anzuprangern, dann würde nichts passieren.[51] Warum? Das Selbstverständliche wird zum einen nicht hinterfragt, Privilegien werden nicht erkannt – und falls doch, nicht selbst kritisiert –, zum anderen entzieht sich persönliche Betroffenheit der Erfahrung und der Erkenntnis der Nicht-Betroffenen. Daher muss kommuniziert werden, und zwar recht häufig und sehr lange.

Es erscheint paradox: Weil Rassismus überall ist, fällt es so schwer, ihn zu erkennen, entzieht er sich bei vielen Menschen der intuitiven Erfahrbarkeit. Denn er ist im gesamten kulturellen Erbe verwoben, der Kunst-, Kultur- und Ideengeschichte, der Alltags- und der Hochkultur[52], der Philosophie und der Wissenschaft. Aber seit relativ kurzer Zeit wird er in exponentieller Weise allerorts identifiziert, beleuchtet und angeprangert.

Wer den strukturellen Rassismus übersieht oder leugnet und damit die Weltordnung, so wie sie ist, rassenblind oder farbenblind zu erklären versucht, wird extrem rassistisch sein müssen. Warum sind die Länder des globalen Südens arm und unterentwickelt? Warum sind die Menschen aus dem globalen Süden, die in Europa leben, arm und benachteiligt – auch noch nach Generationen? Warum sind Schwarze so häufig als Musiker:innen und Sportler:innen erfolgreich, aber so selten als Banker:innen, Wissenschaftler:innen oder Politiker:innen? Warum häufig als Kriminelle und so selten als Polizist:innen oder Richter:innen? Entweder es liegt an ihrer »Rasse«, oder es liegt am Rassismus. Will man es nicht jedem und jeder Einzelnen überlassen, welche Antwort für plausibel gehalten wird, muss man strukturellen Rassismus thematisieren.

4. Rassistische Diskriminierung als Prozess: Denken, Handeln, Intentionalität und Macht

Die Ideologie der Rassenlehre bildete in der Vergangenheit das weltweit wirkmächtige Ordnungsschema, das den westlichen Kolonialismus legitimierte. Im Laufe der Jahrhunderte wurde die Rassenlehre immer weniger akzeptiert, bis sich in den vergangenen Jahrzehnten eine zunehmende Ablehnung rassistischer Prinzipien durchsetzte. Rassismus wird geächtet, ein:e Rassist:in zu sein, wird nun zur schwerwiegendsten Anschuldigung. Das Ordnungsprinzip des Rassismus, das alles überschattete, wurde dadurch aufgebrochen. Ähnlich wie im Hinblick auf Sexismus wirkt die strukturelle Verankerung aber noch umfassend fort – wenn auch zunehmend latent – und erweist sich als enorm hartnäckig: in der Kultur (und damit in Sprache und Wissen), in der Sozialstruktur (und damit in Einkommens-, Vermögens- und Klassenverhältnissen) und in den normativen Legitimationsgrundlagen (Meritokratie und Chancengleichheit). Vor dem Hintergrund dieser Strukturen finden Handlungen statt, die diskriminieren, also: Unterscheidungen machen zwischen Menschen.

Der Begriff der rassistischen Diskriminierung adressiert also die Prozesshaftigkeit zwischenmenschlicher und institutioneller Unterscheidungspraxis. Hierbei geht es dann zwangsläufig auch um die Fragen nach Intentionalität und Wirkung dieser Handlungen. Aber hier zunächst eine Begriffsbestimmung:

Diskriminierendes Verhalten, das sich auf kulturelle Merkmale (Religion, Nationalität, Ethnie) und/oder biologische Merkmale (Hautfarbe, Haarstruktur, Augenform) bezieht oder zurückführen lässt, wird als rassistisch klassifiziert. Dieses weitgefasste Verständnis von rassistischer Diskriminierung wäre entsprechend ein Oberbegriff für verschiedene Variationen, unter anderem für Anti-Roma-Rassismus (Antiziganismus), antiasiatischen Rassismus, Anti-Schwarzen-Rassismus sowie antimuslimischen Rassismus und Antisemitismus. Inwiefern die sogenannte Ausländer- und Fremdenfeindlichkeit hierzu gezählt werden sollte, wurde bereits erläutert (vgl. Kap. 1).

Rassistisch diskriminierend ist eine Handlung also dann, wenn man einem oder mehreren Menschen aufgrund der genannten Merkmale gruppenbezogene Eigenschaften zuschreibt und diese Zuschreibung dann zu Abwertung und schließlich zu Ausgrenzung führt. Und damit ist der Prozesscharakter von Diskriminierung idealtypisch erfasst: Kategorisierung, Abwertung, Ausgrenzung.

Kategorisierung bedeutet, dass ein Individuum entindividualisiert wird. Eine rassistische Kategorie ist die Verknüpfung von biologischen oder kulturellen Merkmalen (etwa Hautfarbe oder Religion) mit spezifischen Eigenschaften, also etwa bestimmten Charakterzügen, Begabungen, Stärken/Schwächen oder anderen kognitiven und körperlichen Besonderheiten, die diese Gruppe kennzeichnet. Das Typische einer »Rasse« sind in der Regel einige wenige Eigenschaften. Da diese nicht eindeutig biologisch und nicht eindeutig kulturell begründet werden, könnte man auch von natio-ethno-kulturellen Kategorien sprechen, die aber regelmäßig biologisch identifiziert werden und damit als natürlich erscheinen.[53] Menschen werden also auf diese Weise markiert, auf wenige typische Eigenschaften reduziert, homogenisiert und eingeordnet – all das zusammen meint: Sie werden kategorisiert. Dies geschieht nicht zufällig, beliebig oder auf vielfältige Weise, sondern regelförmig, ist historisch begründet und wirkt strukturell. Man kann hier auch von Naturalisierung, Essenzialisierung und Totalisierung sprechen.

Abwertung. Die soeben beschriebene Kategorie wird in einem zweiten Schritt abgewertet. Es handelt sich also nicht um gleichwertige »Schubladen«, die zur Reduktion von Komplexität sinnvoll wären, etwa um den Alltag zu vereinfachen. Auf diese Weise erkennen wir Gefahren oder auch Situationen, die ausdrücklich keine Gefahr darstellen – etwa sich vor einem Fremden auszuziehen, wenn er als Arzt identifiziert wird. Die menschliche Wahrnehmung sucht überall Muster, daher wäre genau dies ja durchaus denkbar und nachvollziehbar. Allerdings sind die hier gemeinten Kategorien systematisch hierarchisch geordnet. Diese Hierarchisierung kann eine Spannbreite von Formen annehmen, von einer (charmant daherkommenden) Exotisierung bis hin zu einer Dämonisierung. Exotisierung geht häufig mit einer spezifischen

Körperlichkeit einher (Tanzen, Singen, Sportlichkeit, sexuelle Begierde/Libido), Dämonisierung zentriert eine Gefahr, die wiederum ziemlich körperlich ist (Expansion durch animalische Fortpflanzung, Gewalt). Dazwischen gibt es eine Vielzahl von Spielarten, in denen mehr oder minder subtil eine qualitative Abwertung stattfindet.[54]

Die Abwertung kann also subtil oder offen sein. In jedem Falle wird die kategoriale Unterscheidung zu einer Ungleichwertigkeit. Die Anderen werden ab- und damit die Eigenen aufgewertet. Spätestens durch diesen Schritt ist das erreicht, was man als *Othering* bezeichnet, manchmal ins Deutsche übertragen als VerAnderung, Anders- oder Fremdmachung.[55] Der Begriff *Othering* hat starke Ähnlichkeiten mit dem Begriff Distinktion – der erste wird häufig im Kontext von Rassismus, der zweite eher in Bezug auf Klassismus verwendet.[56] Die anderen bilden das Objekt, durch das man selbst durch Differenzierung und Distanzierung an Bedeutung gewinnt, eine Position bekommt und Sinn erzeugt. Es geht hier bereits um Identitäts- und Zugehörigkeitsschranken, aber der problematischste Schritt ist der dritte.[57]

Ausgrenzung. Das Unterscheiden und das Ungleichwertigmachen begründen das Unterdrücken. Die Marginalisierung von als minderwertig markierten Menschen verläuft selten durch Repression, sondern eher durch vollständigen oder teilweisen Ausschluss vom Zugang zu bestimmten materiellen und nicht-materiellen Ressourcen. Zu den Ersteren zählen finanzielles Einkommen und materielles Eigentum, zu den Letzteren etwa Dienstleistungen, Bildung, Solidarität, Vitamin B und der gesamte symbolische Bereich (Prestige, Reputation). Ganz überwiegend handelt es sich bei diesem dritten Schritt um Nachteile auf Bildungs-, Ausbildungs-, Arbeits- und Wohnungsmärkten. Aber auch das *Racial Profiling* der Polizei muss in diesen Bereich gefasst werden, denn es ist eine Handlungspraxis, die gravierende Folgen haben kann. Die härtesten Formen stellen den vollständigen Ausschluss dar, etwa durch Absprechen der Existenzberechtigung (in Deutschland) bis hin zu physischer Gewalt.

Dieser Dreiklang beinhaltet Denk- und Handlungsmuster gleichermaßen. Während der erste Schritt *Kategorisierung* klar als Denkmuster und der dritte Schritt *Ausgrenzung* klar als Handlungsmuster verstanden werden kann, ist der Zwischenschritt ein Sowohl-als-auch. *Abwertungen* und Vorstellungen von Ungleichwertigkeit sind in jedem Fall kognitive Konstruktionen, können aber auch als Handlungen begriffen werden, etwa bei kommunikativer Abwertung als sprachliche Handlung. Die Unterscheidung zwischen Denken und Handeln ist in mehrfacher Hinsicht relevant: Zum einen macht es einen wesentlichen Unterschied (nicht zuletzt für Betroffene/Opfer), ob jemand denkt, interpretiert und bewertet oder ob man handelt, spricht oder angreift; zum anderen sind wissenschaftliche Befunde zu Einstellungen noch lange keine direkten Hinweise auf Diskriminierung.

Um ein solches idealtypisches Dreiklang-Modell realistisch einschätzen und anwenden zu können, muss zunächst klar sein, dass es ein analytisches Instrumentarium ist.[58] Real ist es denkbar, dass eine andere Reihenfolge vollzogen wird oder nur einzelne Punkte stattfinden und nicht alle drei zugleich. Es ist etwa denkbar und sogar sehr wahrscheinlich, dass man rassistisch-abwertend denkt, aber nicht so handelt. Viele Menschen – gerade in Deutschland – haben so etwas wie eine moralische Bremse. Weniger wahrscheinlich, aber möglich ist es auch andersherum: Man handelt rassistisch, also ausgrenzend, ohne rassistisch-abwertend zu denken. Kompliziert wird es, wenn eine Person kategorisiert, aber zugleich nicht abwertet und auch nicht ausgrenzt, etwa wenn sie sagt: »Ihr Türken seid eine große Bereicherung für uns Deutsche.«

Und damit ist man bei der Frage, ob und inwieweit man rassistisch sein kann, ohne rassistisch zu sein, ob »sein« also essenzialistisch oder aktionistisch konnotiert ist. Es ist die Frage nach der *Intentionalität* von Handlungen. Rassistische Handlungen können intendiert, also bewusst und in »böser« Absicht vollzogen werden – nur dann spräche man bei den Akteur:innen von Rassist:innen – oder sie sind unbewusst und gegebenenfalls gut gemeint – dann bleiben sie dennoch rassistisch.

Als Rassist:innen sollte man Menschen nur dann bezeichnen, wenn sie aktiv und bewusst andere Menschen aufgrund ihrer Religion, Kultur, Hautfarbe oder ethnischen Herkunft ausgrenzen. Rassist:innen haben ein weitgehend geschlossenes rassistisch geprägtes Selbst- und Weltbild und sind eher Forschungsobjekte der Rechtsextremismusforschung (sofern Gewalttaten organisiert und ausgeübt werden auch der Terrorismusforschung). Die Rassismusforschung konzentriert sich stärker auf die viel häufigeren rassistisch ausgrenzenden Handlungen und Prozesse, die von Menschen und Institutionen ohne Absicht und ohne geschlossenes Selbst- und Weltbild vollzogen werden.

Die Intention ist selbstverständlich ein enorm wichtiger Maßstab. Handeln Menschen unbedacht oder unwissend? Oder liegt ein Vorsatz vor? Oder – ja, auch das ist eine relevante Größe – ist die handelnde Person regelmäßig im Hinblick auf ihre Wortwahl gegenüber PoC weniger sorgfältig (oder vorsichtig)? Für Letzteres steht exemplarisch meine eigene Erfahrung, häufiger von mir unbekannten Menschen geduzt zu werden, etwa von Polizeibeamten. Die Frage nach der Intention zentriert die Perspektive der Diskriminierenden, also der »Täter«. Es spielt eine Rolle, warum und vor welchem Hintergrund eine Handlung vollzogen wird; und es spielt eine Rolle, von wem sie vollzogen wird.

Wesentlich relevanter erscheint jedoch die Frage nach der *Wirkung*. Werden Menschen systematisch anders behandelt, bedrängt oder ausgeschlossen, und zwar ganz unabhängig davon, ob das beabsichtigt war? Die meisten ausschließenden Handlungen sind nicht-intendiert und entsprechend ohne böse Absicht vollzogen worden. Für die Betroffenen ist die Wirkung jedoch von entscheidender Relevanz. Diese ergebnisorientierte Perspektive ist für eine faire Gesellschaft die zentrale. Denn fair ist eine Gesellschaft nicht, wenn alle behaupten oder wollen, dass sie fair sei, sondern wenn sie im Ergebnis (messbar) fair ist. Und wenn festgestellt wird, dass identische Diktate oder identische Bewerbungsunterlagen je nach Namen (und damit nach zugeschriebener Herkunft) zu ganz unterschiedlichen Bewertungen führen, dann sind dies klar diskriminierende Handlungen, und zwar im Hinblick auf den Zugang zu relevanten Ressourcen. Es ist nicht unwichtig, aber doch sekundär, ob es sich um regelmäßig beabsichtigte Ungleichbehandlungen handelt oder nicht. Im Falle von Absicht wäre es eine Frage der Justiziabilität. Auch im Hinblick auf die Wirkung haben Handlungen unterschiedliche Relevanz: Benachteiligungen auf Bildungs-, Arbeits- und Wohnungsmarkt, beim Ausländeramt, vor Gericht und im Kontakt mit der Polizei sind wesentlich relevanter als beim Einkaufen, in der Kneipe oder an der Discotür (wobei das individuelle Empfinden der Betroffenen dies auch anders gewichten kann).[59]

Die Feststellung, dass die Wirkung in der Gesamtschau über der Intention steht, ist im Übrigen trivial. Man stelle sich vor, jemand sagt zu Jürgen Klopp, dass er sich nicht aufregen solle, denn der Schiedsrichter habe ganz ohne böse Absicht und ohne geschlossenes Anti-Klopp-Weltbild in einem Endspiel eine grobe und entscheidende Fehlentscheidung getroffen. You got it, genau.[60] Könnte man belegen, dass der Schiri mit Vorsatz gehandelt hat, hätte es eine andere Qualität und: Dann würde das Spiel wiederholt werden. Und da sind wir bei einem entscheidenden Punkt: Nachteile, die ein Mensch hat, die ohne böse Absicht entstanden sind, sind besonders problematisch. Und wenn diese Nachteile regelmäßig und systematisch bestimmte Personen treffen, dann kann man zweierlei sagen: Erstens wirkt sich die nicht-intendierte Diskriminierung unter Umständen benachteiligender aus – zumindest fühlt sie sich manchmal für Opfer schlimmer an –, und zweitens kann eine überall und damit strukturell wirksame Benachteiligung auch als latente Unterdrückung bezeichnet werden.[61]

Aber selbst die Intentionalität ist häufig überhaupt nicht

einfach zu bestimmen. Wenn etwa eine Person großen Wert auf die (wirkungsbezogenen) Tugenden Höflichkeit, Freundlichkeit und Respekt legt, aber bei bestimmten Menschen nur die eigene Intention maßgeblich ist und nicht die Wirkung auf andere, dann handelt es sich womöglich nicht um böse Absicht, vielleicht aber doch um einen tiefsitzenden Rassismus, der gar nicht bewusst ist. Es ist also kein Versehen, kein Ausrutscher, sondern genauso gemeint (man denke an die WDR-Sendung »Die letzte Instanz«), aber nicht reflexiv zugänglich, also unbewusst. Ein solcher habitualisierter Rassismus lässt sich kaum bekämpfen. Er muss sich im wahrsten Wortsinn gesellschaftlich rauswachsen.

Von großer Relevanz ist zudem, dass die Intention zumeist unbekannt und unbestimmbar bleibt. Woher soll eine betroffene Person wissen, ob etwas mit böser Absicht oder habitualisiert-intendiert oder fahrlässig-unbedacht (eigentlich weiß man es besser) oder völlig unbewusst und einer Reflexion gar nicht zugänglich passiert ist? Deshalb gelten – wie im zwischenmenschlichen Kontakt immer – die allgemeinen Kommunikationsregeln: Wenn ich eine Person nicht kenne, bin ich umso vorsichtiger; je besser ich eine Person kenne, je vertrauter wir einander sind, desto eher kann man sich mal »unpräzise« ausdrücken. Hierfür steht sinnbildlich der von nordamerikanischen Schwarzen benutzte Ausdruck »my nigga*«[62], der so viel wie »buddy«, also enger Vertrauter, bedeutet: Man verwendet einen der schwerwiegendsten rassistischen Begriffe – ein eindeutiges No-Go – und macht damit deutlich, dass man sich derart stark vertraut, dass diese massive Grenzüberschreitung okay ist.[63]

Diskriminierung ist dann »lupenrein« gegeben, wenn alle drei Schritte erkennbar sind: Kategorisierung, Abwertung und Ausgrenzung. Es kommt primär auf die Wirkung an – also den Effekt der Handlung – und erst sekundär auf die Handlungsmotivation und -absicht – also inwiefern die Handlung willentlich, mit Vorsatz, fahrlässig oder unbewusst vollzogen wurde. Dieser »Dreiklang« gilt im Übrigen auch für sexistische Diskriminierung sowie für jede andere Diskriminierungsform. Allerdings wird nicht jede Ungleichheit als Diskriminierung verstanden, es muss sich um eine *illegitime* Ungleichbehandlung handeln. Ungleichbehandlungen erscheinen dann als illegitim, wenn sie vor dem Hintergrund askriptiver Merkmale stattfinden, also etwa Geschlecht, Hautfarbe, Herkunft oder sexuelle Orientierung. Sofern eine Ungleichbehandlung vor dem Hintergrund der jeweiligen Leistungsfähigkeit, Kompetenz und Performanz erfolgt, ist sie legitim.[64]

Das Spezifikum bei rassistischer Diskriminierung sind kulturelle und natürliche Unterschiede, also askriptive Merkmale. Rassistische Diskriminierung findet demnach nach dem Prinzip der Rassekonstruktionen längst überwunden geglaubter Zeiten statt, wobei augenfällig ist, dass die von Rassismus betroffenen Gruppenkategorien noch exakt mit der Rassenlehre korrespondieren. Immanuel Kant sah in der Hierarchie rote (Indigene Amerikas) und schwarze Menschen ganz unten, darüber standen die Asiaten und die Spitze bildeten die Weißen.[65] Da die Rassenlehre umfassend widerlegt ist und kein vernünftiger Mensch an sie glaubt, sie aus dem Recht und den Universitäten verbannt ist, muss der Dreiklang um eine Zusatzbedingung ergänzt werden: Macht.

Damit eine Gruppe ohne böse Absicht oder gar völlig unwissentlich von einer anderen Gruppe systematisch ausgegrenzt wird, bedarf es entsprechender sozialer, ökonomischer und mentaler Verhältnisse, also: gewisser struktureller Voraussetzungen. Die Ausgrenzenden müssen also dominieren. Macht-, Herrschafts- und Ungleichheitsverhältnisse reproduzieren sich in fast jeder Hinsicht wie von »alleine«.[66] Dass sie sich schnell und »zufällig« grundlegend verändern, ist hingegen bisher noch niemandem aufgefallen. Dominanz muss also strukturell vorliegen, damit Kategorisierung und Abwertung (Vorurteils- und Wissensstrukturen) sowie insbesondere Ausgrenzung (Einkommens-, Eigentums- und Klassenstrukturen) nicht für alle Menschen gleich wahrscheinlich sind. Es sind soziale Verhältnisse und historische Entwicklungen, die hier noch hineinspielen. Wer sind die Gatekeeper, wer dominiert die relevanten Positionen in den wichtigen Bereichen?

Dass sich der Prozesscharakter von Rassismus durch Denk- und Handlungsmuster kontinuierlich reproduziert, hat also viel mit den strukturellen Fundamenten zu tun, die man auch als Machtverhältnisse beschreiben kann. Entsprechend ist es durchaus möglich, dass ein weißer Mensch ungerecht behandelt wird, weil er weiß ist – dass dies allerdings irgendwo auf der Welt systematisch passiert, kann nicht nachgewiesen werden. Für alle anderen Gruppen, von weißen Frauen bis hin zu allen nicht-weißen Menschen, lässt sich dies zeigen. In Einzelfällen oder aufgrund von Antipathien kann also jede:r

Opfer von Diskriminierung werden, aber nicht jede:r wird es aufgrund biologischer und kultureller Merkmale – und diejenigen, die es werden, werden es nicht mit der gleichen Wahrscheinlichkeit. Selbst für eine systematische Etablierung von Vorurteilen, also lediglich von Denkmustern, bedarf es Macht. Und selbst dann, wenn dies gelingen sollte, müsste man die Bedingungen schaffen, um diesem Denken auch Handlungen folgen zu lassen.

Entsprechend kann man rassistische Diskriminierung als Dreiklang vor dem Hintergrund der strukturellen Rahmenbedingungen beschreiben oder aber als »drei plus eins«. Damit wurde die Prozesshaftigkeit rassistischer Diskriminierung erfasst. Diese kann von Individuen im Alltag oder von Institutionen (infolge interner Routinen und Regeln) ausgehen – nicht alle Personen und Institutionen sind gleichermaßen anfällig dafür, rassistisch zu handeln. Dies wird im nächsten Kapitel näher untersucht.

Interessant ist in diesem Zusammenhang die zeitliche Entwicklung. Zu Beginn dieses Kapitels wurde schon deutlich gemacht, dass sich über die vergangenen Jahrhunderte und Jahrzehnte hinweg deutliche Verbesserungen zeigen, also: Rassismus als Ordnungsprinzip hat enorm an Bedeutung verloren. Dies ließe sich in jedem Punkt belegen. *Kategorien* öffnen sich und lösen sich zum Teil auf: Wer gehört dazu, wer ist deutsch, wer darf einen Gestaltungsanspruch haben und durchsetzen? Die Ablehnung von *Abwertung* setzt sich zunehmend durch – am auffälligsten ist dies im Hinblick auf die zunehmende Ächtung von abwertenden Wörtern und Bezeichnungen. Und letztlich haben sich die Sensibilität und

Aufmerksamkeit für *Ausgrenzung* deutlich erhöht.[67] Insbesondere seit 2018 (durch #metwo und vor allem Black Lives Matter) ist in Deutschland die Relevanz des Themas exponentiell gestiegen.

Aber die Feststellung, dass sich nennenswerte positive Veränderungen vollzogen haben, ändert nichts daran, dass es sich um ein extrem relevantes Thema handelt. Und zwar aus funktionalen und normativen Gründen. Dies gilt auch dann, wenn nachweisbar wäre, dass in einzelnen Bereichen der Wahrscheinlichkeitsunterschied für ungleiche Chancen nur wenige Prozent beträgt. Denn wenige Prozent im Alltag, wenige Prozent in der Schule, wenige Prozent auf dem Arbeitsmarkt, wenige Prozent auf dem Wohnungsmarkt, wenige Prozent bei Polizei, Verwaltung, vor Gerichten und so weiter summieren sich und führen zu gesamtgesellschaftlichen Legitimationsproblemen und begründen eine besondere Verantwortung des Staates und seiner Institutionen.[68]

Heute kann sich jeder Mensch kaufen, was er will, sofern er das nötige Geld hat. Jede:r Staatsbürger:in hat die gleiche Stimme bei demokratischen Wahlen. All das gilt unabhängig von Herkunft und Hautfarbe. Wenn aber die Chance, an das Geld oder die Staatsbürgerschaft zu kommen, nicht nach Herkunft und Hautfarbe in etwa gleich ist, dann lässt sich Rassismus messen. Die Idee der »Menschenrassen« und die Rassenlehre bedeuteten biologische Ungleichheit, eher sogar biologische Unvergleichbarkeit verschiedener Menschentypen. Rassismus bedeutet heute soziale Ungleichheit zwischen prinzipiell gleichen Menschen. Bei Letzterem können vermeintliche »Kleinigkeiten« in der Summe entscheiden. Die berühmten »feinen Unterschiede« machen soziale Ungleichheiten in offenen Gesellschaften aus.

5. Institutioneller Rassismus: Branche, Organisation, Profession

Struktureller Rassismus beeinflusst Denk- und Handlungsmuster in der gesamten Gesellschaft, also sowohl von Menschen im Alltag und im Privaten als auch in Organisationen und Institutionen. Wenn Diskriminierung regelhaft in bestimmten Organisationen, Sektoren oder Branchen auftritt, wird das als institutionelle Diskriminierung bezeichnet. Während sich der Begriff des strukturellen Rassismus auf all jenes bezieht, das sich organisations- und branchenübergreifend feststellen lässt, fokussiert das Konzept des institutionellen Rassismus also auf Spezifika in bestimmten Sektoren und ihrer Organisationen (und ihrer Professionen). Und damit hat man einen grundlegenden Zusammenhang bereits indirekt erfasst: Der Rassismus in den Strukturen der Gesellschaft hat auf verschiedene Handlungsfelder und Organisationen ganz unterschiedliche Auswirkungen.[69]

Institutioneller Rassismus meint diskriminierende Handlungen in und von Organisationen, und zwar weitgehend unabhängig von den konkreten Einstellungen der handelnden Personen.[70] Vielmehr geht es um organisationale Praktiken, die derart ausgestaltet sind, dass sie in ihrer Wirkung bestimmte Personen regelmäßig beziehungsweise überproportional benachteiligen – und in dem hier betrachteten Kontext geht es um rassistische Diskriminierung, das heißt, sie geschieht vor dem Hintergrund der ethnischen, nationalen und kulturellen Herkunft von Betroffenen.

Es handelt sich also um regelhaftes und in der Wirkung für bestimmte Gruppen dauerhaft benachteiligendes Handeln in und von Organisationen und der in ihnen tätigen Professionen. Diese Handlungen lassen sich zum einen auf organisationale Regeln, Verfahren und Routinen zurückführen sowie zum anderen auf Grauzonen in der korrekten Auftragserfüllung und darüber hinausgehende Handlungs- und Ermessensspielräume der jeweiligen Berufsgruppen.[71]

Institutionelle Diskriminierung wurde in der Forschung bereits in verschiedenen Feldern untersucht, etwa in Bildungsinstitutionen, in Unternehmen, in Banken und Kreditunternehmen, auf dem Wohnungsmarkt[72], im öffentlichen Dienst und bei der Analyse der Qualität öffentlicher und sozialer Dienstleistungen wie der Gesundheitsfürsorge, insbesondere der Justiz und der Polizei. Institutionellen Rassismus kann man auch überall finden, wo man sucht, in Universitäten, Theatern oder in der Pornoindustrie. Zugleich muss man festhalten, dass es in Deutschland keine Tradition und auch keine etablierte und übergreifende Forschung in diesem Bereich gibt.[73]

Ursprünge des Konzepts liegen in den USA. In den 1960ern machte man dort die Erfahrung, dass trotz weitgehender rechtlicher Gleichheit von Schwarzen und Weißen die Diskriminierung de facto bestehen blieb. Die These war also naheliegend, dass es etablierte Denk- und Handlungsmuster in den Institutionen gibt, die weiße Menschen privilegieren – und das ohne Gesetzesbrüche und auch ohne dass die handelnden Personen notwendigerweise ein geschlossenes rassistisches Weltbild aufweisen. Der amerikanische Klassiker der Soziologie Talcott Parsons etwa beschrieb diesen Befund, ohne den Terminus institutionellen Rassismus zu verwenden. Der Begriff wurde zunächst in der Bürgerrechtsbewegung in den USA geprägt und bekam durch den Macpherson-Report in England enormes Gewicht.[74]

Institutionen stehen für eine gewisse Stabilität, zum Teil sogar für Trägheit und Statik. Sie sind historisch gewachsene Gebilde, die weitgehend am Erhalt des Status quo festhalten und dadurch Gefahr laufen, Herrschaftsverhältnisse aus der Vergangenheit zu reproduzieren. Dadurch, dass die Geschichte und der Status quo maßgeblich rassistisch geprägt sind, entsteht hier also unmittelbar ein Problem. Der Rassismus im nicht-institutionellen Bereich, nämlich die zwischenmenschlichen Beziehungen im Alltag und im Privaten, ist nicht minder hartnäckig, da Bewusstseinswandel, Einstellungswandel und habituelle Wandlungen nicht ohne Weiteres möglich sind (und schon gar nicht schnell). Aber der institutionelle Rassismus hat dennoch eine viel größere Tragweite. Denn Institutionen prägen den Lebensalltag, die Lebenschancen und den Lebenslauf eines jeden Menschen: Kita, Schule, Universität, Betriebe/Unternehmen, Banken, Krankenhäuser, Wohnungsmarkt, Medienhäuser, politische Parteien, Polizei und

Gerichte – um die wesentlichen zu nennen – strukturieren die Teilhabe eines Individuums in der Gesellschaft. Auch hier zeigt sich: Würde man eine Gruppe in jedem dieser Bereiche um nur zwei Prozent benachteiligen (dieser Wert ist bereits nur mit einem professionellen Instrumentarium messbar), dann wäre die Differenz in der Summe doch so beträchtlich, dass sie aggregiert auch ohne methodisch kontrollierte Forschung wahrnehmbar wäre.

Aber weder die Intensität noch die Form institutioneller Diskriminierung sind in den verschiedenen gesellschaftlichen Bereichen identisch. Gesamtgesellschaftliche Strukturen prägen und beeinflussen alle Sektoren und jede Organisation. Zu diesen Rahmenbedingungen zählen insbesondere die Vorurteils- und Wissensstrukturen, die Einkommens-, Vermögens- und Klassenverhältnisse sowie die normativen Grundlagen der Gesellschaft. Sie bilden die Leitplanken und Möglichkeitsräume für das Denken und Handeln von Menschen im Alltag und im Privaten sowie von und in Organisationen. Dabei treffen die allgemeinen Strukturen auf je spezifische Historien, Funktionen und Logiken in den verschiedenen Bereichen. Entsprechend unterscheiden sich Branchen nach einer Vielzahl von Aspekten, von denen fünf zentrale im Folgenden hervorgehoben werden sollen: Funktion, Prozesse, Personal, Klientel und weitere Spezifika.

Was ist die zentrale Funktion der Institution? Hier lässt sich zunächst feststellen, dass es in jedem Sektor oder System zentrale Funktionen gibt.[75] Im Bildungssystem ist das die Erziehung und Bildung von jungen Menschen zu Bürger:innen, Konsument:innen und Berufstätigen. Dazu gehört neben der

Förderung von Kindern auch die faire Beurteilung der Lernentwicklung und der Leistungen. Weniger fördernd, aber umso stärker beurteilend ist der Auftrag des Gerichts, der nichts weniger umfasst, als Recht zu sprechen. Bei privatwirtschaftlichen Unternehmen sind die zentralen Funktionen, die jeweiligen Güter und Dienstleistungen an die Kundschaft zu bringen und dadurch größtmöglichen Gewinn zu erzielen. Die Polizei ist eine Institution, in der Ordnung und Sicherheit bewahrt beziehungsweise erwirkt werden sollen, weshalb sie das Gewaltmonopol des Staats durchsetzt. Fairness ist bei Polizei und Unternehmen als Handlungsprinzip nicht ausgeschlossen, aber sie ist keineswegs zwingend ein zentraler Bestandteil der Organisationskultur und -praxis.

Wie laufen in der Institution Prozesse ab? Neben der allgemeinen Funktion der Organisation spielen auch die spezifischen Arbeitsprozesse eine Rolle. Bestehen diese etwa aus Kategorisierung, Bewertung und Ausgrenzung/Selektion von handelnden Menschen, existiert ein erhöhtes Risiko für rassistische Denk- und Handlungsmuster. Hier scheinen unter anderem Banken anfällig zu sein, etwa wenn es um Kreditvergabe geht, aber auch Schulen, Gerichte und insbesondere die Polizei oder auch die Ausländerbehörde.[76] Zu fragen ist hier etwa: Wie kriteriengeleitet sind die jeweiligen Entscheidungs- und Arbeitsprozesse, wie transparent sind diese Kriterien, und wie groß sind Ermessens- und Handlungsspielräume bei der Auftragserfüllung?

Wie sehen Qualifikation und Struktur des Personals aus? Hier gilt es zu fragen, ob es sich um hochqualifizierte Professionen handelt, etwa Jurist:innen, Mediziner:innen oder

Lehrkräfte, und inwieweit die Professionen sensibilisiert für die Lebenslagen und Perspektiven von benachteiligten und ausgegrenzten Menschen sind. Die rassismusrelevanten Herausforderungen, die mit den Funktionen und den Prozessen zusammenhängen, können vor allem durch die Qualifikationen und inhaltlich geeigneten Fortbildungen des Personals bearbeitet werden.[77] Zudem ist von Bedeutung, wie sich das Personal zusammensetzt, insbesondere nach Diversitätsmerkmalen – je homogener, desto anfälliger. Außerdem spielt eine wichtige Rolle, wie das Personal rekrutiert wird (und nicht zuletzt auch, welche Menschen sich von bestimmten Berufsfeldern und Organisationen angezogen fühlen).

Wer ist die Klientel beziehungsweise die Kundschaft? Es gibt Bereiche, bei denen die Klientel die gesamte soziale Bandbreite umfasst, etwa in Arztpraxen oder Krankenhäusern, oder es handelt sich um einen sehr selektiven Ausschnitt, etwa bei der Polizei oder Staatsanwaltschaft, weil diese Institutionen überwiegend mit Benachteiligten und Kriminellen zu tun haben.

Welche spezifischen Rahmenbedingungen liegen vor? Ungünstig erscheint es, wenn Organisationen unterversorgt sind, das heißt Investitionen oder Fachkräfte fehlen, dadurch das Arbeitspensum kaum bewältigt werden kann und das Personal belastet ist. Ebenso anfällig erscheinen Berufsgruppen, die Gefahren ausgesetzt sind, wie etwa Polizeibeamte. Geschlossene (gemeint sind intransparente) Organisationen (etwa Sondereinheiten mit starker Gemeinschaftsbildung) sind anfälliger als offene. Während in den dargestellten Punkten überwiegend auf die branchenspezifischen Rahmenbedingungen eingegangen wurde, spielen für die konkrete Organisation selbstverständlich die spezifische Historie, lokale Bedingungen und nicht zuletzt das Führungsverhalten in den Chefetagen eine zentrale Rolle.

Der Begriff »institutioneller Rassismus« bezieht sich also auf Sektoren, Branchen und Institutionen und ihre Organisationskulturen und Berufskulturen. Zentrale Ansatzpunkte sind dabei eine rassismuskritische Organisations- und Personalentwicklung. Gesamtgesellschaftliche Veränderungen haben dazu geführt, dass dieser Veränderungsdruck, der durch den Diversity-Begriff ein sympathisches Label bekommen hat, überall evident wird. Dies kann in jeder Branche ganz Unterschiedliches bedeuten. Das Diversity-Konzept wird in Unternehmen mit Unternehmenserfolg und Gewinnsteigerungen, bei der Polizei mit einer besseren Ansprache migrantischer Milieus und in der Politik mit einer höheren Legitimation verknüpft – immer also mit der der Institution eigenen inneren Logik.

Im Folgenden werden zwei Bereiche ausführlicher betrachtet: zum einen die Polizei, zum anderen die Schule. In vielerlei Hinsicht unterscheiden sich beide Institutionen: Polizei vereint praktisch alle Risiken (Funktion, Prozess, Personal, Klientel, Rahmenbedingungen) und ist zugleich eine Institution, die zumindest vorübergehend Grundrechte außer Kraft setzen kann, das heißt, sie hat enorme Befugnis und Macht. In der Schule sind Risiken und Grundrechtseinschränkungen wesentlich schwächer ausgeprägt, aber dafür handelt es sich um die wichtigste Instanz für herkunftsunabhängige Lebenschancen. Beide Institutionen haben gemeinsam, dass sie stark reguliert und reglementiert sind, man ihnen gleichwohl weitgehend ausgeliefert ist, es kaum eine externe Kontrolle gibt und de facto (bisher) nicht einmal eine reale Möglichkeit besteht, sich zu beschweren und so zum Beispiel die Polizeibeamtin beziehungsweise den Lehrer zu wechseln. Zudem gibt es enorme Handlungsspielräume in der Auftragserfüllung.

Eine Institution unterstellt prinzipiell eine gewisse Normalität. Diese Normalitätserwartungen beziehen sich in der Schule insbesondere auf drei Bereiche: Deutsch als *Muttersprache,* die *familiäre Mitarbeit* und Mitverantwortung bei der Lernentwicklung von Kindern sowie ein bestimmtes *Lerntempo* und unterstellte Entwicklungsprozesse. Kinder und Familien, die dieser unterstellten Normalität nicht entsprechen, werden durch institutionelle Verfahrensweisen in vielerlei Hinsicht benachteiligt. Im Hinblick auf Sprachkompetenzen, die unterhalb der Erwartungen liegen, werden regelmäßig Spezialklassen (heute: Willkommensklassen) oder besondere Förderangebote installiert, die einerseits kaum reguliert werden (und häufig auch an Einheitlichkeit und Qualität zu wünschen übrig lassen) und deren Besuch andererseits als Stigma für den weiteren Bildungsverlauf von Nachteil werden kann, weil er in der Folge eine Legitimation etwa für die Überweisung auf Förderschulen für Lernbehinderung darstellt. Üblicherweise können Migrant:innen aufgrund fehlender Deutschkenntnisse ihren Kindern nicht in erwarteter Weise helfen. Und aufgrund des sprachlichen Rückstands und der fehlenden Unterstützung der Eltern fällt die geringe Zeit beim Übergang von der Grundschule auf die weiterführende Schule deutlich ins Gewicht.[78] Zwar lassen sich auch diskriminierende Effekte im Hinblick auf die Bewertung von Leistungen erkennen, allerdings resultiert der deutlich stärker benachteiligende Effekt durch das Zusammenspiel der beschriebenen organisationalen Umgangsformen mit Abweichungen von der unterstellten Norm.

Es handelt sich also um Handlungen, die zum Teil gar nicht durch die einzelne Lehrkraft beeinflussbar sind. Meist sind es Regeln, Verfahrensweisen und Routinen, die mit guter Absicht (spezielle Angebote) oder zu bedenkenlos/unbedacht vollzogen oder fortgeführt werden (Mitarbeit der Eltern/Lerntempo) und dazu führen, dass nicht nur keine optimale Förderung stattfindet, sondern darüber hinaus eine handfeste Benachteiligung entsteht, die unter Umständen lebenslang – man sollte sagen: lebenslänglich – wirksam bleibt. Institutionelle Diskriminierung kann direkt geschehen, also durch Handlungen vollzogen, oder indirekt, indem man bestimmte Benachteiligungen (die durch die Herkunft verursacht oder begünstigt worden sein können) nicht erkennt oder zulässt oder nicht aktiv verhindert. Wenn man den Auftrag der Schule darin sieht zu gewährleisten, dass alle Kinder in etwa die gleichen Chancen haben oder dass zumindest die herkunftsbedingten ungleichen Startchancen ausgeglichen werden, dann muss man die Nichterfüllung dieses Auftrags als Diskriminierung bezeichnen. Würde man der Schule diesen Auftrag nicht zuweisen, dann wäre lediglich das ungleiche Benoten gleichwertiger Leistungen als Diskriminierung zu verstehen. Beides lässt sich belegen, auch wenn dies ganz überwiegend mit der Klassenzugehörigkeit zusammenhängt.

(Aus meiner Perspektive verlöre das Schulsystem enorm an Legitimation, wenn man es von dem Anspruch, ungleiche Startchancen auszugleichen, befreite.)

Die Polizei soll für öffentliche Sicherheit und Ordnung sorgen sowie Straftaten verfolgen und Gefahren abwehren. Von institutionellem Rassismus bei der Polizei spricht man dann, wenn Menschen bestimmter Herkunft, also rassifizierte oder migrantisierte Menschen, eine benachteiligte Position im Rahmen dieser Aufträge haben. Das meint etwa, dass PoC regelmäßig unbegründet tatverdächtigt werden, aber auch, dass PoC regelmäßig nicht als Opfer gesehen werden.

Besonders problematisch wird es, wenn explizit nichtsachliche Kriterien handlungsleitend sind und dies durch Ermessensspielräume ermöglicht und durch Vorgesetzte (oder Polizeigewerkschafter) gedeckt wird. Das *Racial Profiling* kennzeichnet eine Personenkontrolle, die nicht aufgrund eines konkreten Verdachts oder eines auffälligen Verhaltens einer Person vollzogen wird, sondern beispielsweise aufgrund askriptiver und phänotypischer Merkmale, etwa aufgrund des dunkleren Hauttons.[79] Zum *Racial Profiling* passen auch rassistisch kategorisierende Bezeichnungen wie etwa NAFRI.[80]

Racial Profiling ist in Deutschland nicht (mehr) erlaubt, wurde und wird aber bewusst praktiziert (und ist unter Umständen sogar Teil der Ausbildung). Da die Behörden der Inneren Sicherheit außergewöhnlich wichtige Institutionen mit hoheitlichen Aufgaben sind, handelt es sich entsprechend um eine extreme Form des institutionellen Rassismus. In einer Institution, in der dies nicht nur zum Alltag gehört, sondern weitgehend als legitim wahrgenommen wird, kann konstatiert werden, dass zumindest die Sensibilität im Umgang mit diesem Themenkomplex fehlt.

Hochproblematisch, aber nicht zwingend von der Polizei ausgehend, ist die Dämonisierung von Shisha-Bars. Sie wurden derart beharrlich und aggressiv als No-Go-Areas stilisiert, dass sie mittlerweile als ein Synonym für organisierte Kriminalität beziehungsweise sogenannte »Clan-Kriminalität« gelten. Dies geschieht so einseitig, dass übersehen wird, dass Shisha-Bars für viele jugendliche PoC *safe spaces* sind: Ihnen wird nicht wie an vielen Discotüren aufgrund von *Racial Profiling* der Zutritt verwehrt, und sie fühlen sich »normal«. Werden diese Orte und damit auch die Besucher:innen kriminalisiert, erscheint dies hochproblematisch. Sollte bei der Abwägung der Gefahrenabwehr auf der einen Seite und der Bedürfnisse und Interessen bestimmter, völlig unbescholtener Menschen auf der anderen Seite regelmäßig dann zugunsten der Gefahrenabwehr entschieden werden, weil es sich bei den Menschen um PoC handelt, dann liegt Rassismus vor. Einschränkend muss hier jedoch gesagt werden, dass meinem Eindruck nach die Dämonisierung der Shisha-Bars weitgehend von bestimmten Innenministern vorangetrieben wurde und auch bei einigen Polizeivertreter:innen auf Skepsis stößt.[81]

Das unangemessene Verhalten gegenüber von PoC, die Opfer von Gewalt oder Kriminalität wurden, oder gar die Kriminalisierung derselben ist die andere Seite von institutionellem Rassismus bei der Polizei. In einem Milieu, in dem migrantischen oder rassifizierten Personen regelhaft die Rolle der Täter zugewiesen wird, erscheint es unvorstellbar, dass sie völlig unschuldige Opfer sind. Die gesamte unaufgeklärte Pannenserie im Rahmen der rechtsterroristischen NSU-Morde ist geprägt davon, dass seitens der Ermittlungsbehörden die Möglichkeit ausgeschlossen wurde, dass die Opfer und ihre Familien unschuldig sein könnten. Es handelt sich gerade nicht um ergebnisoffene, sondern um einseitige Ermittlungen vor dem Hintergrund rassistisch geprägter »blinder« Flecken und fehlender Kontollmechanismen innerhalb der Organisation.[82]

Auch im Rahmen der Ermittlungen zum Anschlag in Hanau soll die Polizei kein angemessenes Verhalten gezeigt haben. In zweierlei Hinsicht erscheint der rechtsextreme Anschlag in Hanau denkwürdig: Zum einen war es ein rassistisch motivierter Anschlag u. a. in einer Shisha-Bar (siehe oben), zum anderen steht der Vorwurf im Raum, dass die Notausgänge in der Shisha-Bar auf Anordnung der Sicherheitsbehörden verschlossen waren, um bei Durchsuchungen die Fluchtwege zu versperren. Neben diesen bekannten Attentaten gibt es zahlreiche Fälle, bei denen Menschen in Polizeigewahrsam verstarben – PoC sind unter den Opfern stark vertreten –, die nicht zufriedenstellend aufgeklärt wurden.

In der jüngsten Vergangenheit wurden zunehmend rechtsextreme Tendenzen innerhalb der Polizei entdeckt und Rassisten in ihren Reihen identifiziert, die sich in Gruppierungen organisieren. Dies ist nur insofern als institutioneller Rassismus zu bezeichnen, als sich diese Tendenzen und Gruppierungen überhaupt etablieren konnten. Auch hier scheinen Organisationskulturen und -logiken wirksam zu sein, die die (hoffentlich wenigen) rechtsextremen Polizeibeamten von allen anderen unbehelligt haben agieren lassen. Das Handeln rechtsextremer Polizisten, also handfester Rassisten, kann als Unterwanderung der Sicherheitsbehörden interpretiert werden. Aber es erscheint wenig sinnvoll, von institutionellem Rassismus zu sprechen, wenn sich Teile der Institution von der liberalen Werteordnung abkoppeln, denn dann wäre der Begriff institutioneller Rechtsextremismus oder gar institutioneller Nationalsozialismus angebrachter.[83]

Inwiefern eine Institution, die solche Tendenzen und Gruppierungen zulässt, in einer angemessenen Weise ergebnisoffene Strafermittlungen vollziehen und etwa rassistische Motive einer Tat auch als solche erkennen soll, ist fraglich. Dass die Polizei kriminelles Verhalten in den eigenen Reihen nicht konsequent verfolgt oder bagatellisiert, erklärt zudem, dass ein Teil der Bevölkerung der Polizei zunehmend misstraut und die Polizei insgesamt deutlich häufiger im Fokus der öffentlichen Aufmerksamkeit steht.

Institutioneller Rassismus ist gerade im öffentlichen Dienst von besonderer Bedeutung. Neben den beiden exemplarisch angeführten Bereichen Schule und Polizei ist eine ganze Reihe anderer staatlicher Institutionen zu nennen, die für die Lebensbedingungen und Teilhabechancen von Migrant:innen wesentlich sind, etwa Einbürgerungs- und Ausländerbehörden. Ein anderer enorm wichtiger Lebensbereich ist das Gesundheitswesen. Sowohl in der unmittelbaren Behandlung der Patient:innen als auch bereits in der medizinischen Forschung lassen sich rassismusrelevante Leerstellen feststellen, die dazu führen, dass unabhängig vom Personal

PoC benachteiligt werden. So werden in der Regel keine Dolmetscher:innen vorgehalten, sodass es zu systematischen Nachteilen kommen kann – diese lassen sich auch messen. Medizinische Forschungen und Lehrbücher sind eine recht weiße Angelegenheit: So werden beispielsweise in der Dermatologie Symptome diverser Krankheiten auf hellen Hauttönen dargestellt. Viele Ärzte sind dadurch gar nicht in der Lage, PoC gleichwertig zu behandeln und zu versorgen.[84]

Auf dem Wohnungsmarkt lässt sich ein hohes Maß an Diskriminierung feststellen.[85] Der kommunale/lokale Wohnungsmarkt ist ein spezifischer Markt, den man durchaus auch als Institution verstehen kann (aber nicht muss), der staatlich stark reguliert wird und in dem Unternehmen und private Anleger tätig sind. Dadurch, dass man nicht nur für Lage und Ausstattung zahlt, sondern auch für die Qualität der »Nachbarschaft«, erscheint der Wohnungsmarkt enorm rassismusrelevant. Gerade in angespannten Wohnungsmärkten werden Menschen im Hinblick auf ihre Zahlungsfähigkeit sowie auf ihren Beitrag zur »Qualität der Nachbarschaft« bewertet. Entsprechend erscheint es so, dass regelmäßig bereits der als »fremd« wahrgenommene Name von Interessenten zu Kategorisierung, Abwertung und Ausschluss führt – lupenreiner Rassismus. Auf dem Wohnungsmarkt sind professionelle und nicht-professionelle Anbieter tätig, es gibt keine Ausbildung für Vermieter:innen, Hinz und Kunz sind dort tätig. Dies mag der Grund dafür sein, dass die Diskriminierung auf dem Wohnungsmarkt derart stark ausgeprägt ist, dass es keiner komplexen Methoden und Forschungsdesigns bedarf, um diese zu ermitteln.[86]

Deutlich komplexer erscheint die Analyse auf dem Ausbildungs- und Arbeitsmarkt. In Einstellungsverfahren lässt sich die systematische Diskriminierung ganz deutlich messen, allerdings macht es offensichtlich einen bedeutenden Unterschied, wie groß ein Unternehmen ist: je größer, desto geringer der Effekt. In kleineren Unternehmen ist der Effekt erheblich. Dies kann darauf zurückgeführt werden, dass in großen Unternehmen die Personalabteilung einen höheren Professionalisierungsgrad hat und auch standardisierte Verfahren bei der Bearbeitung von Bewerbungsunterlagen eingesetzt werden. In kleinen Betrieben ist der Handwerksmeister zugleich Geschäftsführer und Personalleiter.[87] Der diskriminierende Effekt war allerdings kaum noch messbar, wenn man den Bewerbungsunterlagen der PoC ein Empfehlungsschreiben eines anderen Betriebs beifügte. Offenbar handelt es sich also nicht um einen strengen Rassismus mit geschlossenem Weltbild.[88]

Vermutet werden kann, dass jüngere Unternehmen, insbesondere Start-ups, deutlich offener sind als ältere Unternehmen, in denen sich historisch bedingte Hierarchien gebildet und etabliert haben.

Verheerend ist der Befund, dass sich der Diskriminierungseffekt verstärkt, je höher der erreichte Bildungsabschluss ist. Auf Stellen, für die das Abitur vorausgesetzt wird, haben ausländische (insbesondere muslimische) Bewerber:innen schechtere Chancen als bei Stellen, für die einfachere oder mittlere Abschlüsse erforderlich sind.[89] Aus der Forschung kennt man diesen Effekt in verschiedenen Bereichen, insbesondere bei den Lohnunterschieden zwischen Frauen und

Männern: Diese sind bei Hochschulabsolvent:innen und in Führungspositionen besonders groß. Und mehrfach habe ich dies im Zusammenhang mit dem sogenannten Kopftuchstreit skizziert: Solange muslimische Frauen mit Kopftuch an deutschen Gymnasien geputzt haben, wurde das Kopftuch nicht problematisiert. Das Kopftuch war nicht mehr okay, als die ersten Musliminnen studierten und Lehrerinnen an Gymnasien wurden.[90]

Wollte man es wagen, die Diskriminierungsintensität zu klassifizieren, könnte man das folgende Sektoren-Ranking begründen (wobei innerhalb der Bereiche große Varianzen möglich sind): Im Bildungssystem lassen sich direkte Diskriminierungen nur in geringem Maße messen. Entscheidend sind hier indirekte und kumulative Effekte. Das zentrale diskriminierende Merkmal ist die Klassenherkunft, also Bildungsniveau und Einkommen der Eltern. Auf dem Arbeitsmarkt sieht es bereits schlechter aus, wobei es hier große Unterschiede gibt. Auf dem Ausbildungsmarkt ist es deutlich ungünstiger.[91] Wohl am schlimmsten sieht es auf dem Wohnungsmarkt aus. Diese Unterschiede lassen sich empirisch begründen und durch die skizzierten Analysefelder erklären (Funktion, Prozesse, Personal und Klientel). Zur Polizei oder der Ausländerbehörde liegen kaum Studien vor, allerdings sprechen die analytischen Risikofaktoren dafür, dass hier rassistisches Verhalten dann extrem wahrscheinlich wird, wenn nicht aktiv und nachhaltig gegengesteuert wird.

Wie steuert man gegen? Neben Organisationsentwicklung und Personalentwicklung, neben Diversity Management und interkultureller Öffnung geht es auch um die Weiterentwicklung der Güter und Dienstleistungen sowie des Lehrangebots/Unterrichts. All diese Bereiche sollten rassismuskritisch reflektiert werden, wobei Handeln und Unterlassen, Verfahrensweisen und Regelungen genauso wie Normalitätserwartungen innerhalb der Organisation expliziert werden sollten. Hierbei sind konkrete organisationale Rahmenbedingungen vor Ort zu berücksichtigen, aber auch grundsätzliche branchenspezifische.

Institutioneller Rassismus ist zu unterscheiden vom Rassismus im zwischenmenschlichen Kontakt und im Privaten (interpersonaler Rassismus). Organisationen und Institutionen sind in modernen Gesellschaften zentrale Teilhabeanker, die die Biografie horizontal prägen und Erfolg und Karriere vertikal strukturieren. Daher hat das Konzept der institutionellen Diskriminierung als Analyseperspektive enorme Fortschritte gebracht, weil es die Verantwortung der Organisation insgesamt in den Mittelpunkt rückt, die sich nicht auf die Position »die eigene Organisation ist ein Abbild der Gesellschaft« zurückziehen kann, womit gemeint ist, dass es die Mitarbeiter:innen sind, die gegebenenfalls für rassistische Entscheidungen verantwortlich zu machen seien.[92] Im Hinblick auf die Auswahl, Qualifizierung und Kontrolle der Mitarbeiter:innen hat die Organisation genauso die zentrale Verantwortung wie bezüglich der internen Verfahren und Regeln sowie der Gewährung von Entscheidungsspielräumen für die Beschäftigten oder der Standardisierung derselben.[93]

Für Betroffene bedeutet institutionelle Diskriminierung, dass Organisationen und die in ihnen tätigen Professionen

Macht über sie ausüben, Verantwortung für sie übernehmen und über ihre Zukunft mitentscheiden, wobei gleichzeitig rassismusrelevante »blinde Flecken« vorliegen.

6. Rassistische Diskriminierung als persönliche Erfahrung: Wahrnehmung, Umgang, persönliche und soziale Folgen

Heute melden sich von Rassismus Betroffene zunehmend zu Wort. Die persönlichen Erfahrungen erscheinen von Interesse, auch weil sie einem großen Teil der Bevölkerung nicht direkt zugänglich sind. Entsprechend erscheint es zwingend erforderlich, den Wissenstand zu rassistischer Diskriminierung aus der Perspektive der Betroffenen zu systematisieren.[94] Dabei spielt es zunächst eine zentrale Rolle, wann man (und wer) Rassismus überhaupt als solchen wahrnimmt, wie man mit rassistischen Erfahrungen umgeht, was die Folgen sind und so weiter. Diese Fragen können auf der persönlichen Ebene betrachtet werden, aber auch auf einer sozialen beziehungsweise kollektiven (im Hinblick auf soziale Bewegungen).

Die Frage, wann und vor welchem Hintergrund Menschen eine Handlung als diskriminierend empfinden, spielt für das Verständnis der aktuellen Diskurse eine zentrale Rolle. Diskriminierung lässt sich sozialwissenschaftlich oder juristisch definieren und analysieren, jedoch ist keineswegs davon auszugehen, dass sich Menschen in ihrem Denken, Handeln und insbesondere in ihrem Empfinden nach diesen Begriffsbestimmungen richten. Das gilt – wie bisher mehrfach erwähnt – für die rassistisch Handelnden (»Täter:innen«), die sich in der Regel vehement gegen den Rassismusbegriff/-vorwurf wehren, ebenso wie für die Betroffenen. Eine kleine Minderheit hat heute ein tief rassistisches geschlossenes Weltbild und handelt intendiert diskriminierend (und selbst innerhalb dieser Minderheit wird Rassismus vielfach zum Teil als Begriff, zum Teil aber auch als explizites Unterdrückungsprinzip abgelehnt). Dies ist das positive Ergebnis der allgemeinen Ächtung von Rassismus. Niemand möchte ein Rassist sein, fast niemand möchte rassistisch gehandelt haben, Rassismus ist ein extrem schwerwiegender Vorwurf. Die Ächtung hat dazu geführt, dass die meisten in ihrer Wirkung rassistischen Handlungen nicht mehr offen und somit leicht erkennbar rassistisch sind. Dadurch ist von einer deutlichen Verschiebung von klar rassistisch motivierten Sprechakten oder Handlungen hin zu solchen, die nicht-intendiert, latent oder subtil rassistisch sind, auszugehen, wodurch sich bei den Betroffenen eine große Erklärungsunsicherheit entwickelt: Wie ist eine doppeldeutige Aussage gemeint, was ist die Intention einer missverständlichen Handlung? Und zudem lässt sich institutioneller Rassismus von Betroffenen in der Regel kaum identifizieren, da es sich häufig um nicht-transparente Prozesse handelt, die ebenso zu großer Erklärungsunsicherheit führen. Daher sollte Diskriminierung auf der Makroebene, also hinsichtlich systematischer struktureller Effekte, anders begrifflich gefasst werden als Diskriminierung auf der Mesoebene (institutionelle Diskriminierung) und auf der Mikroebene, also in Bezug auf die persönliche Erfahrung oder genauer: die subjektive Wahrnehmung und Interpretation einer Handlung oder eines Sprachakts als diskriminierend. Um Letzteres geht es im Folgenden.

Unterscheidungen und Ungleichbehandlungen werden als Diskriminierung kategorisiert, wenn diese nicht vor dem Hintergrund individueller Leistungsfähigkeit und Leistungsbereitschaft vollzogen werden, sondern ihnen kollektive und damit askriptive Unterscheidungen zugrunde liegen (auch wenn dies nicht bewusst oder intendiert ist). Soziale Ungleichheit erscheint also fast ausschließlich meritokratisch legitimierbar,[95] also dann, wenn Motivations-, Kompetenz- oder Leistungsunterschiede vorliegen. Soziale Differenzierungen auf der Grundlage askriptiver Merkmale, also etwa aufgrund des Geschlechts, der Hautfarbe, der Herkunft oder der Religion, müssen aus einer gesellschaftlichen Perspektive als Diskriminierung bezeichnet werden.[96]

Übertragen auf die Perspektive von Betroffenen findet eine leichte, aber folgenschwere Verschiebung statt: Als Diskriminierung wird eine Handlung dann eingeordnet, wenn sie als eine illegitim vollzogene Ungleichbehandlung interpretiert wird. Das entscheidende Wort ist *illegitim*, nicht Ungleichbehandlung. Drei Menschen können dieselbe Situation erleben, aber ganz unterschiedlich deuten. Für die eine Person kann eine Ungleichbehandlung richtig sein, für die andere Person ist sie okay, und für die dritte Person kann dieselbe Situation eine Demütigung darstellen. Dieselbe Ungleichbehandlung kann als akzeptabel, als zu akzeptieren oder als inakzeptabel wahrgenommen werden. Die Entscheidung, ob eine Handlung oder Situation als legitim oder illegitim wahrgenommen wird, folgt einem interpretativen Prozess, der sich systematisieren lässt und viel weniger individuell ist, als es den Anschein hat.

Die empirische Forschung zu wahrgenommener rassistischer Diskriminierung brachte auf mehreren Ebenen widersprüchliche Befunde hervor. So haben die veröffentlichten Berichte der Antidiskriminierungsstelle des Bundes sowie international vergleichende Studien gezeigt, dass in den Staaten, in denen das Niveau der Teilhabechancen hoch ist, auch die wahrgenommene Diskriminierung hoch ist, und interessanterweise auch umgekehrt. So ist die berichtete Diskriminierung in Skandinavien ganz deutlich höher als in osteuropäischen Staaten.[97] Deutschland liegt in beiden Bereichen (objektive Teilhabechancen und wahrgenommene Diskriminierung) eher im Mittelfeld. Ein geringeres Niveau von objektiver messbarer Diskriminierung korrespondiert also mit einem höheren Niveau von wahrgenommener Diskriminierung. Dieses Phänomen bezeichne ich als Diskriminierungsparadox.[98]

Diese kontraintuitiven Befunde lassen sich auf die sozialstrukturellen Rahmenbedingungen herunterbrechen, die die jeweils befragte Person mitbringt: Je prekärer und benachteiligter die Lebensumstände (geringes Einkommen, geringes Bildungsniveau), desto *seltener* werden Diskriminierungserfahrungen berichtet. Umgekehrt wird rassistische Diskriminierung umso häufiger wahrgenommen und berichtet, je höher Bildungsniveau und Einkommen sind.

Auch mit zunehmender Aufenthaltsdauer von Migrant:innen (und dadurch mit fortschreitender Integration) erhöht sich die Wahrscheinlichkeit, Diskriminierung als solche wahrzunehmen.[99] Schwarze Menschen, die enorm benachteiligt sind, fühlen sich seltener diskriminiert als privilegierte Schwarze. Dieser Zusammenhang lässt sich nicht nur bei Rassismus erkennen, sondern unter anderem auch bei Sexismus und in eingeschränktem Maße auch bei Ableismus (Behindertenfeindlichkeit).[100]

Das Diskriminierungsparadox lässt sich darauf zurückführen, dass durch gestiegene Teilhabe auch die Erwartungen nachfolgender Generationen wachsen, und zwar deutlich schneller als die realen Entwicklungen: Während die reale Entwicklung tendenziell zu einer langsamen Angleichung der Teilhabechancen führt, entwickelt sich der Anspruch an Gleichstellung und Gleichwertigkeit enorm schnell, und zwar im Hinblick auf Anerkennung, Teilhabe und Zugehörigkeit. Dies führt dazu, dass für heranwachsende PoC nicht mehr ohne Weiteres erkennbar ist, was bisher schon an Erfolgen erzielt wurde, sondern hauptsächlich im Blickfeld ist, was noch fehlt. Die Diskrepanz zwischen Erwartungen und Realität wächst und schlägt sich bei vielen (insbesondere jüngeren) Menschen in Enttäuschung nieder, obwohl – beziehungsweise weil (!) – objektiv messbar ist, dass die Teilhabechancen deutlich gestiegen sind.[101]

Die Erwartungen ehemals benachteiligter Gruppen, besonders der jüngeren Generationen, steigen schneller, als sich die Realität verbessert. Erwartungen und objektive Verhältnisse steigen also unterschiedlich schnell, wodurch die Differenz größer wird. Diese Differenz führt dazu, dass etwas als illegitim wahrgenommen wird, und bildet damit die Grundlage für das Gefühl der Diskriminierung.

Das Diskriminierungsparadox lässt sich so zusammenfassen: Eine zunehmend offene Gesellschaft ermöglicht benachteiligten Gruppen in immer stärkerem Maße Teilhabe; dadurch gibt es auch immer mehr privilegierte Personen aus ehemals benachteiligten Gruppen; diese Privilegierten haben hohe Erwartungen an Anerkennung, Teilhabe und Zugehörigkeit (typisch Mensch) und mit relativ hoher Wahrscheinlichkeit höhere Erwartungen, als es die (träge) Gesellschaft der Gegenwart realisieren kann (typisch Gesellschaft); diese Differenz zwischen Erwartungen und Wirklichkeit bildet die Grundlage der Bewertung, ob es sich um einen legitimen oder illegitimen Zustand handelt; illegitime Zustände werden als Diskriminierung wahrgenommen; dies geschieht immer häufiger, weil vieles besser geworden ist (aber eben noch nicht perfekt).

Mehr PoC und Menschen mit internationaler Geschichte als je zuvor berichten von Diskriminierung, weil es immer mehr Teilhabe und auch immer weniger Diskriminierung gibt.[102] Das hiermit beschriebene Diskriminierungsparadox lässt sich als Variation des Tocqueville-Paradoxes darstellen oder auch als Freuds Narzissmus der kleinen Differenzen.[103] Hierbei handelt es sich nicht um ein ewiges Naturgesetz, sondern es beschreibt den Status quo, der uns aber ganz sicher noch eine längere Zeit begleiten wird.

Der Effekt ist zu weiten Teilen ein Generationenphänomen, wodurch es selbst innerhalb der Minderheitendiskurse beziehungsweise innerhalb der migrantischen Communitys zu Generationenkonflikten kommt.[104] Aber daneben ist es insbesondere ein sozialstrukturelles Phänomen. Und im Deutschland (und allen anderen offenen Gesellschaften) der Gegenwart decken sich beide Aspekte tendenziell für praktisch alle benachteiligten Gruppen: Die Jüngeren sind auch die Gebildeteren und Statushöheren.

Wahrnehmung ist das eine, aber wie ist der Umgang mit rassistischer Erfahrung? Zunächst gibt es für Betroffene ein großes Deutungsproblem, und zwar in zwei Richtungen: Ist es rassistisch (1), und ist es intendiert (2)?

Menschen fragen sich (1): Werde ich abgelehnt oder schlecht behandelt, weil ich arm bin oder weil ich schwarz bin? Bin ich arm, weil ich inkompetent bin, oder bin ich arm, weil ich schwarz bin? Wer schwarz, aber weder arm noch inkompetent ist, hat ein deutlich geringeres Maß an Erklärungsunsicherheit. Benachteiligte hingegen können nie ausschließen, dass es nicht vielleicht auch ihre eigenen Defizite sind, die die Ungleichbehandlung legitimieren. Deshalb haben Benachteiligte dann (2) auch noch die Erklärungsunsicherheit im Hinblick auf das Motiv, also ob die Handlung von der handelnden Person intendiert rassistisch war oder nicht. Privilegierte PoC können nicht nur latente Formen von Rassismus identifizieren, sondern für sie ist auch die Intention nachrangig. Während also offener und auch intendierter Rassismus von allen wahrgenommen und problematisiert werden würde, ist latenter und/oder nicht-intendierter Rassismus weitgehend nur hochgebildeten und statushöheren PoC als solcher zugänglich.[105]

Will eine einzelne betroffene Person eine Diskriminierungserfahrung als solche benennen, also Beschwerde einlegen oder gar klagen, ist dies mit gewissen Hürden – sogenannten sozialen Kosten – verbunden und kommt daher selten vor. Dies ist nicht zuletzt deshalb so, weil sich Betroffene nicht gern als Opfer etikettieren wollen. Zudem befürchten sie, dass es zu einer Verschlimmerung der Situation und vielleicht auch zu einem nachhaltigen Schaden kommen könnte.[106] Und damit wären wir beim Umgang im eigentlichen Sinne.

Der emotionale und *persönliche* Umgang mit Rassismuserfahrungen entscheidet maßgeblich darüber, wie schädigend diese Erfahrung wirkt. Die Schuld an unangenehmen und immer wiederkehrenden Erfahrungen kann eine Person einerseits bei sich selbst suchen – etwa aufgrund des eigenen Auftretens oder mangelnder Kompetenzen. Hierbei kann es zu gegen das Selbst gerichteten Emotionen wie Depression, Wut oder Angst vor Zurückweisung kommen. Insbesondere fortwährende Angst kann dazu führen, dass mögliche Diskriminierung antizipiert wird, woraus wiederum folgen kann, dass sich Betroffene selbst »vorsorglich« ausschließen. Andererseits kann die Deutung, es handele sich um diskriminierendes Verhalten, eine schützende Wirkung haben. Sofern eine Handlung auf die Vorurteile des Handelnden zurückgeführt wird, hat diese Erklärung eine entlastende Wirkung, weil nicht die eigene Inkompetenz oder das eigene Auftreten ursächlich ist, man also die Konsequenz nicht selbst zu verantworten hat. Diese Erleichterung kann einhergehen mit Wut gegen die diskriminierende Person.[107]

Die besondere Verletzlichkeit von Betroffenen lässt sich in vielerlei Hinsicht zeigen: In jedem Fall sind die mittelfristigen gesundheitlichen Folgen von rassistischer Diskriminierung evident.[108] Kurzfristig kann zum Beispiel die Leistungsfähigkeit eingeschränkt werden, etwa allein dadurch, dass die Hautfarbe/Herkunft vor einer Prüfungssituation angesprochen wird.[109] Zudem können in der Folge von Benachteiligung und Ausgrenzung aufgrund der sozialen Identität (also einer Gruppenzugehörigkeit) Ohnmachtsgefühle und Resignation entstehen.[110] Eine weitere Wirkung von Rassismus auf Betroffene wird in der Ablenkung von anderen relevanten Tätigkeiten und Aufgaben beschrieben, etwa weil man sich immer wieder erklären und rechtfertigen muss.[111]

Solche Beschädigungen der Identität haben Folgen für den *kollektiven* Umgang mit Rassismuserfahrungen. Man braucht nicht viel Fantasie, um sich vorzustellen, dass das Zugehörigkeitsgefühl zu der ethnischen Gruppe durch rassistische Diskriminierungserfahrungen *gestärkt wird.* In der Folge ist es dann möglich, dass es zu einer Legitimation der Ungleichbehandlung durch die Betroffenen selbst kommt – etwa nach dem Motto »Wir sind halt so und das ist auch gut so«. Solche Abwendungen von der »Mehrheitsgesellschaft« oder »Dominanzkultur«, die zu einer starken Community-Orientierung oder gar zu einer (Re-)Ethnisierung führen können, sind insbesondere bei gut Integrierten nachweisbar.[112]

Eine weitere typische Reaktion ist die subversive Aneignung diskriminierender Begriffe bei gleichzeitiger Ablehnung derselben Begriffe im allgemeinen Sprachgebrauch. So werden diffamierende und beleidigende Begriffe von den ehemals damit Bezeichneten selbst verwendet – und zwar häufig dann, wenn sie gerade dabei sind, tabuisiert zu werden. Diese Sprechakte stehen für Widerständigkeit und Provokation, aber gleichermaßen auch für Selbstwirksamkeit und Autonomie – sowie für Machtumkehrung, denn diese Begriffe dürfen nur exklusiv von Betroffenen selbst verwendet werden. Oder es werden eigene Begriffspaare entwickelt. Man denke etwa an die Wörter Kanake, mit dem ursprünglich die türkischen und arabischen Migranten gemeint waren, und Alman, das für »weiße Deutsche« steht. Auffällig ist zudem, dass diese subversive Aneignung, bei der eine ehemals herabwürdigende Fremdbezeichnung mit einer Veränderung der Konnotation zu einer (exklusiven) Selbstbezeichnung wird, von Jugendsubkulturen und der Kultur- und Kunstszene ausging (etwa Musik oder Kabarett).[113] Gleichzeitig werden solche Begriffe von einem relativ großen Teil der Postmigrant:innen beziehungsweise PoC abgelehnt. Warum?

Kritik am und Emanzipation vom Rassismus können drei Dimensionen haben, die zum einen (zeitlich) aufeinander aufbauen, zum anderen aber auch in einem (diametralen) Spannungsverhältnis zueinander stehen und daher auch die Komplexität und die Konflikthaftigkeit deutlich machen:

Um die Entwicklung der Gesellschaft in den vergangenen Jahrzehnten darzustellen, habe ich vielfach die Raum-Tisch-Metapher verwendet. Zunächst saßen Migrant:innen beziehungsweise PoC (mit allen anderen benachteiligten Gruppen) auf dem Boden, im Laufe der Zeit setzten sich viele von ihnen (insbesondere die Nachfolgegenerationen) an den Tisch, wollten einen schönen Platz am Tisch und ein Stück vom Kuchen, heute sind wir an dem Punkt, dass einigen von ihnen (häufig wiederum aus der jüngeren Generation) das nicht mehr reicht und sie vielmehr eine Veränderung des Kuchenrezepts, der Esskultur und der Tischordnung anstreben. Diese drei Realitäten (Boden, Tisch, Rezeptur) bestehen gleichzeitig, weil es weiterhin Migration gibt, sie bauen aber auch aufeinander auf und erfordern sehr unterschiedliche Maßnahmen und Strategien. Da ist zuerst die Befähigung der Ausgegrenzten, sich an den Tisch zu setzen. Oder andersherum: die Forderung genau danach (zumindest für deren Kinder). Die neu am Tisch Sitzenden wollen Teil des Ganzen werden und damit eine gewisse Normalisierung, also kurz: Teilhabe am Bestehenden. Die dritte Gruppe will das Bestehende verändern, die Historizität des Status quo sehen, auch die verborgenen Machtmechanismen dekonstruieren und feine Herrschaftskritik üben. Hier wird erstmals und umfassend die Doxa thematisiert und reflektiert. Dieser letzte Schritt ist der derzeit jüngste und schwankt noch zwischen destruktivem Erschüttern und konstruktivem (Um-)Gestalten.

Alles drei sind aktuell existierende Verhältnisse und durch Individuen vertretene Positionen, die zu einer komplexen und konfliktreichen Situation führen – und zwar bereits innerhalb der Communitys, aktivistischen Initiativen und sozialen Bewegungen, also ganz unabhängig von dem sich verschärfenden Diskurs. Die Ursachen hierfür sind die Widersprüchlichkeiten und Ambivalenzen, die den Herrschaftsverhältnissen selbst immanent sind – wer sie überwinden will, muss sie zunächst reproduzieren. Man kann im Engagement gegen Rassismus entsprechend drei hochplausible und authentische Positionen vertreten, exemplarisch: »Ich liebe mein Schwarzsein und bin stolz darauf« oder aber »Wenn man in der historischen und heute sinnlosen Kategorie Hautfarbe denkt, setzt man die Fehler der Vergangenheit fort« oder aber »Unterschiedliche Hautfarben gibt es, aber sie spielen nur eine Rolle, weil es Diskriminierung gibt«.[114]

Identitätspolitik (man kann es auch Teilhabe- oder Antidiskriminierungsaktivismus nennen) beinhaltet grundsätzlich alles drei, im aktuellen Diskurs wird aber allein Letzteres betrachtet, weil es hier die aktuellsten Provokationen und Übertreibungen gegeben hat, auch weil nicht mehr nur die Teilhabechancen der Benachteiligten, sondern auch die Privilegien der Privilegierten in den kritischen Blick geraten und Weißsein als Subjektivität und das Leben grundlegend prägendes Identitätsmerkmal in den Fokus gerückt wurde und wird (hierzu Kap. 8).

Prägend für den neueren Diskurs ist ein bemerkenswertes Zitat von Toni Morisson aus dem Jahr 1975 – für viele Aktivist:innen ist diese Perspektive grundlegend und eine Antriebsfeder für ein vergleichsweise offensives Vorgehen, nämlich sich selbst nicht mehr zu erklären und zu rechtfertigen, sondern die andere Seite dazu zu bringen, sich zu rechtfertigen:

»It's important […] to know the function, the very serious function of racism, which is distraction. It keeps you from doing your work. It keeps you explaining over and over again, your reason for being. Somebody says you have no language and so you spend 20 years proving that you do. Somebody says your head isn't shaped properly so you have scientists working on the fact that it is. Somebody says that you have no art so you dredge that up. Somebody says that you have no kingdoms and so you dredge that up. None of that is necessary. There will always be one more thing.«[115]

7. Rassismus als pädagogische Herausforderung: Lehrplan und -material, Kommunikation, Differenzsensibilität, Empowerment

Migrantische Jugendliche erleben tagtäglich, dass Menschen auf sie mit Skepsis reagieren, manchmal sogar Angst vor ihnen haben und ihnen Gewalttätigkeit oder anderes abweichendes Verhalten unterstellen. In sogenannten Brennpunkten ist die Polizei ihnen gegenüber besonders »hartnäckig« und »gründlich«, Sozialarbeiter:innen im Wohnviertel bieten Antiaggressionstrainings an, und in der Schule klagen Lehrer:innen über mangelnde Anpassungsfähigkeit.

Dass diese Jugendlichen unter Umständen in sozioökonomisch prekären Verhältnissen leben und rassistische Erfahrungen ihren Alltag prägen, wird selbst von Lehrkräften und pädagogischen Fachkräften kaum berücksichtigt. Diskriminierende Erlebnisse im Kontakt mit der Polizei, beim Einkaufen oder an der Discotür stehen auf der Tagesordnung. Und auch Pädagog:innen treten als rassistisch Handelnde in Erscheinung. Die negativen Folgen von regelmäßigen (und allgegenwärtigen) Rassismuserfahrungen auf Gesundheit und Lebenschancen sind gut erforscht. Zudem führt eine systematische Diskriminierung zu einem deutlichen Sinken der eigenen Ambitionen und Erwartungen, kann Resignation oder Rebellion verursachen, eine Abwendung von der Gesellschaft oder aggressiven Aktionismus. Diese gerade bei Jugendlichen beobachtbaren typischen Reaktionen sind jedoch nicht nur Ergebnis von rassistischer Diskriminierung, sondern auch Folge der Nicht-Thematisierbarkeit dieser Erfahrungen und der mangelnden Unterstützung der Heranwachsenden. Sie erleben regelmäßig Demütigungen und werden damit alleine gelassen.

Umso überraschender erscheint es, dass die Sensibilisierung für Rassismus weder Gegenstand der Lehre noch Inhalt der fachlichen oder didaktischen Ausbildung von Pädagog:innen war und (mit wenigen Ausnahmen) ist. Rassismus als pädagogische Herausforderung hat dabei eine Reihe von Dimensionen: Während Rassismus äußerst selten expliziter Unterrichtsgegenstand ist, finden sich auch heute noch häufig rassistische Denkmuster in Schulbüchern, Schullektüren und Unterrichtsmaterialien.[116] Unabhängig davon, ob diese Lernmittel eine staatliche Zulassungsprüfung durchlaufen oder nicht, haben alle in der Schule behandelten Texte und Inhalte ein besonderes Gewicht, denn sie gelten als amtlich legitimiert. Rassismusrelevant sind neben den Materialien verschiedene Inhalte im Lehrplan selbst, wobei vor allem das Fehlen bestimmter Inhalte ins Auge fällt: So werden die Themenfelder Rassismus und Kolonialismus kaum und wenn, dann nur sehr einseitig thematisiert – mit einer problemorientierten Perspektive auf den Kontinent Afrika und der Realität der Migration. Dabei gäbe es vielfältige Anknüpfungspunkte in den Klassenzimmern, etwa die Familiengeschichten vieler Schüler:innen, aber auch deren Diskriminierungserfahrungen. Curriculare Updates erscheinen hier erforderlich.[117] Inwiefern all diese Aspekte im Unterricht wirksam werden, ist unbekannt. Es ist zwar durchaus denkbar, dass Lehrkräfte den Lernmitteln, Lehrinhalten und didaktischen Zugängen gegenüber kritisch sind und rassistische Elemente herausfiltern oder diese mit den Schüler:innen offen diskutieren. Dies liegt dann aber allein in der Verantwortung der einzelnen Lehrkraft.[118]

Dass Pädagog:innen hierzu grundsätzlich befähigt sind, muss bezweifelt werden, weil Rassismus in keiner Ausbildungsphase von Lehrer:innen, Sozialarbeiter:innen oder Erzieher:innen eine (angemessene) Rolle spielt. Das gilt im Übrigen in ähnlicher Weise auch für die Themen Migration, Interkulturalität oder etwa auch Deutsch als Zweitsprache. Es entwickelt sich derzeit erst die Perspektive, dass all diese Expertisen, also auch Rassismuskritik, Bestandteile übergreifender pädagogischer Kompetenzen sind und entsprechend als Querschnitt pädagogischer Professionalisierung verstanden werden müssen. Rassismuskritikische Perspektiven werden als professionelles Wissensgebiet, als pädagogische Haltung sowie als (fach)didaktische Prinzipien zunehmend berücksichtigt, auch wenn sie noch immer bei keiner pädagogischen Profession in der Ausbildung systematisch verankert sind.[119]

Rassismus spielt aber auch in den zwischenmenschlichen

Beziehungen und Interaktionen innerhalb der Bildungsinstitutionen eine Rolle. Diese finden auf dem Pausenhof (zwischen den Kindern), im Klassenzimmer (zwischen Lehrkräften und Kindern) und im Lehrerzimmer (zwischen den Lehrkräften) statt.[120] Neben allen Kommunikationsbeziehungen sind auch Handlungsprozesse, Routinen und Regeln in der Schule als Organisation von Relevanz, also: institutioneller Rassismus (vgl. Kap. 5). Die Initiative »Schule ohne Rassismus« adressiert diese Ebenen und bietet Gesprächsanlässe und eine thematische Vertiefung. Aber die Bezeichnung suggeriert fälschlicherweise, man hätte den Rassismus bereits ein für alle Mal eliminiert, dabei setzt man sich in der Regel erst seit relativ kurzer Zeit mit dem Problemfeld auseinander. Ohne die Initiative im Detail bewerten zu wollen, lassen sich positive, aber auch problematische Effekte herausarbeiten. Die Vorstellung, »ohne Rassismus« zu sein, erscheint ambivalent, denn derzeit kann es keine Schule ohne Rassismus geben. Gleichzeitig ermöglicht dieses Label aber in jedem Falle die Kommunikation und die Entwicklung eines gemeinsamen Problembewusstseins.

Der erste Schritt auf dem Weg zur Bewältigung eines Problems ist hiermit benannt: Kommunikation und Entwicklung eines Problembewusstseins. Es geht also um die Thematisierung. Ein wesentlicher Teil dessen ist die Thematisierung von Rassismuserfahrungen von Schüler:innen. Und ein wesentliches Ziel müsste es sein, Kinder und Jugendliche dazu zu ermächtigen, ihre Erfahrungen zu kommunizieren, einen konstruktiven Umgang damit zu finden und insbesondere selbstbestimmt die eigenen Interessen zu vertreten. Ein solches Empowerment basiert darauf, dass man einerseits Differenz anerkennt und Diskriminierung thematisiert und zu vermeiden versucht, dass man andererseits aber auch Erwartungen reflektiert: die Erwartungen der Institutionen und auch die Erwartungen der Kinder. Es geht um die Verknüpfung von Subjektivität (Perspektiven/Erwartungen) und Objektivität (Tatsachen). Exemplarisch soll dies im Folgenden an verschiedenen Beispielen dargestellt und vertieft werden.

Am Beispiel eines interkulturellen Frühstücks lässt sich illustrieren, wie in pädagogischen Institutionen versucht wird, Differenzen positiv zu *framen* und durch dieses feierliche Setting die Anerkennung der Differenzen zu ermöglichen:[121] Eine Erzieherin in einer Kita fordert die Kinder auf, für das geplante interkulturelle Frühstück Typisches aus der Heimat ihrer Eltern oder Großeltern mitzubringen. Das Frühstück verläuft gut, die Erzieherin ist zufrieden. Allerdings ergibt die anschließende Befragung, dass manche Kinder gar nicht wissen, was in der Heimat der Großeltern gefrühstückt wird. Andere wissen, dass es gar kein Frühstück im engeren Sinne gibt, die meisten frühstücken selbst am liebsten Nutella, Laugenbrötchen oder Cornflakes. Dennoch bringen die meisten Kinder »Exotisches« mit: Schafskäse, Oliven, gefüllte Weinblätter und so weiter. Um die nette Pädagogin nicht zu enttäuschen, haben die Kinder (oder deren Eltern) deren Erwartungen antizipiert und erfüllt. Schon im Kita-Alter sind Kinder es also gewohnt, ihre Differenz zu demonstrieren, und sie haben bereits gelernt, Erwartungen der Differenz zu erfüllen. Für manche Kinder ist das ambivalent, etwa weil diese Fremderwartungen auch zu einem Gefühl von Fremdbestimmung führen können. Für andere ist es positiv, weil sie das Gefühl haben, wahrgenommen und anerkannt zu werden. Das Frühstück und die Botschaft dieses Frühstücks sind nicht das Problem. Aber problematisch erscheint zum einen die Fremdbestimmtheit, also die Erwartung der Demonstration von Differenz, selbst da, wo es keine gibt. Dies ließe sich durch leichte Modifikationen der Fragestellung korrigieren. Außerdem darf sich die Anerkennung von Differenz selbstverständlich nicht auf wenige »Feiertage« beschränken.

Zum anderen gibt es neben diesen schönen und gemütlichen Seiten der Differenz aber auch problematische mit negativen Folgen. Rassistische Diskriminierungen sind für Betroffene häufig viel relevanter als folkloristische Zuschreibungen. Die Nicht-Thematisierung verstärkt hier die Fremdbestimmtheitsgefühle: Die Institution entscheidet, was wann wie thematisiert wird – und ignoriert dabei die schwierigeren Themen, mit denen die Kinder auf sich allein gestellt bleiben.

Tatsächlich wird die gepriesene Vielfalt von betroffenen Kindern und Jugendlichen nicht selten als Fremdheit, Ausschluss oder Diskriminierung erlebt. Diese negativen Folgen der Differenz lassen sich weniger leicht, regelmäßig und institutionalisiert zur Sprache bringen, dabei sind sie mindestens genauso prägend und bedeutsam.[122] Räume zu schaffen, in denen Diskriminierung zur Sprache kommt, ist eine große Herausforderung. Hierfür sind Vertrauen, Empathie und Verantwortung erforderlich. In Deutschland scheitern wir aber bereits viel früher: Selbst dann, wenn ein Kind oder ein:e Jugendliche:r über Diskriminierung berichtet, wird dies nicht zugelassen. Typische Antworten sind dann:

- »Ach komm, jetzt sei nicht so sensibel.« Übersetzt: Du bist das Problem, deine *Wahrnehmung* ist falsch.
- »Das hat er/sie nicht so gemeint.« Übersetzt: Du hast es falsch verstanden. Wie du dich fühlst, ist nicht entscheidend, sondern was die andere Person intendierte. Deine *Interpretation* ist falsch.
- »Was hast du denn vorher gemacht?« Übersetzt: Wenn so etwas passiert, dann musst du etwas Schlimmes (oder Schlimmeres) gemacht haben, ergo: Du bist das Problem. Es handelt sich hier um eine klare *Täter-Opfer-Umkehr.*
- »Dann spiel mit jemand anderem.« Übersetzt: Der andere ist halt so, lass ihn. Wenn es dich stört, suche dir andere zum Spielen. Lös das Problem selbst. Der andere erfährt die *Legitimierung.*
- »Ich habe da jetzt keine Zeit für.« Übersetzt: Es gibt aktuell wichtigere Dinge zu tun. Dies ist eine eindeutige *Relevanz-/ Irrelevanzsetzung.*

In jeder dieser Antworten steckt eigentlich die Botschaft: »Senk deine Erwartungen.« Dass sich ein Kind diskriminiert fühlt, bedeutet nämlich, dass es höhere Erwartungen hat, als so behandelt zu werden, wie es tatsächlich behandelt wurde. Man hat also trotz der Differenz einen höheren Anspruch an Teilhabe, Zugehörigkeit und Gleichwertigkeit, als derzeit realisiert wird. Man will mehr, als derzeit möglich ist (vgl. Kap. 6). Es handelt sich also zunächst um eine ideale Situation für pädagogische Arbeit, weil diese Äußerung Aktivität und Ambition dokumentiert.[123]

Gibt es für Pädagog:innen überhaupt bessere Voraussetzungen als junge Menschen, die *mehr* wollen und das auch äußern? Verheerend ist aber nun: Alle oben aufgezeigten Antworten problematisieren diese hohen Erwartungen und fordern (indirekt) dazu auf, sie zu senken. Von einer Autoritätsperson, der man vertraut, die Botschaft »Gib dich mit dem Status quo zufrieden« zu hören, während der Status quo schmerzhaft ist, kann zu enormen Problemen führen. Wenn dies häufig oder regelmäßig geschieht, hat das nachhaltige und hochproblematische Folgen: Denn junge Menschen, die lernen, eine schlechte Behandlung hinzunehmen und dies als legitim zu bewerten oder zu sehen, dass dies von anderen als legitim bewertet wird, tendieren zu Passivität, Resignation oder Rebellion. Und das sind die mit Abstand schwierigsten Rahmenbedingungen für pädagogische Arbeit. Passivität, Resignation und Rebellion können zudem der Nährboden für abweichendes Verhalten und Radikalisierung sein.

Diskriminierungserfahrungen auszusprechen, ist für Betroffene relativ schwierig. Man muss sich als »Opfer« darstellen, was bereits unangenehm ist, und man nimmt soziale Kosten in Kauf, denn man setzt sich selbst der Kritik aus (vgl. Kap. 6). Kinder trauen sich das noch deutlich häufiger als Erwachsene. Aber wenn man nach der Demütigung wegen der Diskriminierung eine Demütigung wegen der Dethematisierung durch Autoritätspersonen erfährt, wird die Wahrscheinlichkeit, dass man dieses Risiko ein weiteres Mal eingeht, deutlich geringer. Irgendwann sagt man gar nichts mehr. Dabei nutzen Kinder und Jugendliche selbstverständlich nicht die Begriffe Rassismus oder Diskriminierung, meinen sie aber (beispielsweise: »Die haben mich Affe genannt« oder es fällt das N-Wort).

Eine Institution, eine pädagogische im Besonderen, gerät schnell in Panik, wenn ein Rassismus- oder Diskriminierungsvorwurf im Raum steht. Der Vorwurf wiegt schwer, man befürchtet einen Skandal. Entsprechend ist es auch heute noch so, dass Betroffene davon absehen, den Begriff Rassismus zu verwenden, um genau diese starke Gegenreaktion zu vermeiden (vgl. auch Kap. 8).[124]

Der Rassismus- beziehungsweise Diskriminierungsvorwurf wiegt deshalb schwer, weil Wissen und Problembewusstsein fehlen. Pädagog:innen und Schulleiter:innen sollten aber nicht in Panik geraten, sondern sich vielmehr regelrecht freuen, wenn ein:e Schüler:in über Diskriminierung oder Rassismus berichtet. Selbstverständlich muss geklärt werden, was genau vorgefallen ist. Auch geht es nicht darum, jede Einschätzung von betroffenen Kindern und Jugendlichen unhinterfragt zu übernehmen. Aber zunächst ist es erforderlich, anzuerkennen, worum es in aller Regel geht: Ein junger Mensch ist unzufrieden und wünscht sich Verbesserungen. Sollte man sich als pädagogische Fachkraft oder Lehrkraft unsicher sein, wie man darauf konkret reagieren soll, dann ist es sicherlich am besten, sich Zeit zu verschaffen. »Ich habe dafür jetzt keine Zeit« reicht allerdings nicht, der ergänzende Hinweis »Merk dir alles ganz genau, und heute Nachmittag sprechen wir in aller Ruhe darüber und überlegen uns gemeinsam, was zu tun ist« ist zwingend erforderlich (was dann selbstverständlich auch erfolgen muss). So gewinnt man Zeit, um sich beraten zu lassen, was vor allem für unerfahrene oder unsichere Personen von Bedeutung sein kann.

Unbedingt sollte man eine Kultur etablieren, in der Betroffene sich zu Wort melden und in der rassistische Vorfälle angesprochen werden können. Dies geschieht umso weniger, je höher die Hürden gesetzt werden. Setzt man die Hürden hoch oder signalisiert Desinteresse, dann bremst man die Motivation oder trägt sogar zur Demotivation aktiv bei. Dann wäre das Handeln der Pädagog:innen ein Teil des Problems und nicht Teil der Lösung. Zugleich ist davon auszugehen, dass diejenigen, denen es extrem schlecht geht, sich am wenigsten zu Wort melden (vgl. Kap. 6). Das heißt, dass es keineswegs reicht, lediglich darauf zu achten, dass man als Pädagog:in nicht rassistisch diskriminiert, sondern dass es eine pädagogische Pflicht sein muss, Rassismus und Diskriminierung im Allgemeinen zu suchen, zu erkennen und kommunizierbar und bearbeitbar zu machen, um die betroffenen Kinder zu stärken und zu ermächtigen.[125]

Sollte dies nicht geschehen, kann die Folge sein, dass sich Jugendliche neue Zugehörigkeiten suchen und sich auf andere Identitätskonstruktionen beziehen. Exemplarisch steht hierfür die in den vergangenen zehn Jahren verstärkte Hinwendung türkeistämmiger Deutscher zur Türkei. Diese ist seit 2012 empirisch belegt, insbesondere bei der zweiten und dritten Generation und vor allem bei besser Integrierten.[126] Der gleichzeitige Einbruch bezüglich der Zugehörigkeit zu und der Verbundenheit mit Deutschland lässt sich nur damit erklären, dass im Jahr 2010 die öffentliche Diskussion durch die Thesen Sarrazins rassistische Züge angenommen hatte und nur ein Jahr später, nämlich 2011, die rechtsextreme Terrororganisation NSU enttarnt wurde, wodurch die staatliche Verflechtung mit rassistisch motivierten Morden im Raum stand (und bis heute steht).[127] Diese kollektive rassistische Ausschlusserfahrung konnte kaum thematisiert werden, zum einen weil im öffentlichen Diskurs zu wenige Stimmen Türkeistämmiger vorkamen (und die Betroffenenperspektive nicht berücksichtigt wurde), zum anderen weil die Themen (rassistisch aufgeladener Diskurs und rechtsextremistischer Terror) auch in den Schulen kaum angesprochen wurden. Zugleich fehlten systematische Konzepte, um das Zugehörigkeitsgefühl zu stärken und gleichzeitig Differenz anzuerkennen.

Dass bereits in der Grundschule beide Seiten der Medaille sehr produktiv bearbeitet werden können, lässt sich exemplarisch in Kanada beobachten. Dort wird bereits ab der Einschulung am Zugehörigkeitsgefühl und der nationalen Identität der superdiversen Schülerschaft gearbeitet. Dabei wird von den Lehrkräften betont, dass alle Kinder Kanadier:innen seien, ganz unabhängig davon, woher die Eltern stammen und welche weiteren Identitäten (sogenannte Bindestrich-Identitäten) bestehen, etwa libanesische Kanadier. Diese pädagogische Praxis hat für den deutschen Geschmack zu patriotische Züge, denn sie wird auch durch das Singen der Nationalhymne und durch das Malen der kanadischen Flagge begleitet. Daneben wird wöchentlich in ritualisierter Form obligatorisch, also anlasslos, über negative Erfahrungen, überwiegend Diskriminierungserfahrungen, gesprochen. Sehr häufig geht es um Rassismus, aber auch um Diskriminierung aufgrund anderer körperlicher Merkmale (Behinderung oder Übergewicht) oder Genderaspekte. Dabei teilen die Kinder ihre jeweiligen Erfahrungen und gehen dabei auf ihre Gefühle, ihre Interpretationen und ihren Umgang mit der Situation ein. Andere Kinder und die Lehrkraft kommentieren. Daher wissen die Kinder, dass es bei entsprechenden Geschehnissen Raum für die Thematisierung gibt. Alle, auch die Lehrkräfte, können sich darauf vorbereiten. Sollte ein Kind außerhalb dieser Runde auf eine Lehrkraft zukommen, ist dies bereits ein Indiz dafür, dass ein besonderer Leidensdruck besteht. Dann wird nachgefragt: »Kann das noch bis Freitag warten, oder möchtest du sofort darüber sprechen?« Regelmäßig fließen bei diesen Gesprächskreisen Tränen, die Kinder trösten sich gegenseitig und lernen dabei viel über sich und ihre Mitschüler:innen, aber auch über ihre Gefühle und über die Gesellschaft. Es handelt sich also tatsächlich um ein Bildungsangebot, denn es geht um Problembewusstsein und Selbstbewusstsein, um Erwartungen und Interpretation, um die Frage: Wie ordne ich ein, was ich erfahren habe? In den meisten Fällen hat die Lehrkraft gar keinen Zugriff auf das konkrete Problem (etwa wenn es in der Nachbarschaft des Kindes verortet ist). Es geht vielmehr darum, die Kinder sehr früh zu empowern, mit solchen Erfahrungen – die auch in Zukunft gemacht werden können – in einer konstruktiven Form umzugehen.

Hier werden sowohl Differenz und Zugehörigkeit als auch die negativen Folgen von Differenz offen, regelmäßig und anlasslos besprochen. Natürlich lässt sich beides dabei nicht ohne Weiteres auf den deutschen Kontext übertragen. Über einen inklusiven Patriotismus die Anerkennung und Zugehörigkeit zu entwickeln, ist international üblich, wird aber in Deutschland aus historischen Gründen vielfach abgelehnt. Die systematische Thematisierung von Diskriminierungserfahrungen sowie die Berücksichtigung von Emotionen und Erwartungen (ohne die Perspektive der Betroffenen infrage zu stellen) erscheinen ebenso unrealistisch, insbesondere weil dieses Vorgehen extrem voraussetzungsreich im Hinblick auf Wissen, Haltung und Gesamtkonzept ist. Kopieren lässt sich der kanadische Weg nicht, aber der Kern der Idee lässt sich womöglich auf den deutschen Kontext übertragen.

In Deutschland ist man noch auf dem Stand, dass es »Schulen ohne Rassismus« gibt – und diese tragen dann ein entsprechendes Siegel, aber gleichzeitig geht man keineswegs davon aus, dass alle anderen »Schulen mit Rassismus« sind. Daher erscheint diese Initiative im Prinzip als sinnvoller erster Zugang, aber mehr auch nicht. Der nächste Schritt könnte sein, das Siegel »Schule mit Rassismus« zu vergeben. Diese paradoxe Intervention wäre insofern sinnvoll, als hier ein tieferes Verständnis sowie ein fokussierter Gesprächsanlass vorlägen – nämlich ein Bewusstsein für strukturellen und institutionellen Rassismus. Da dieser Vorschlag kaum umsetzbar erscheint, ist es realistischer, das Siegel in »Schule gegen Rassismus« umzubenennen oder noch besser: »Rassismuskritische Schule« (vgl. Kap. 9).

Die hier dargestellten Zusammenhänge lassen sich auch auf andere Diskriminierungsformen und betroffene Gruppen übertragen, also etwa auf Kinder mit Behinderung. Eine sehr wichtige Maßnahme ist in jedem Falle die Einrichtung von phänomenübergreifenden Antidiskriminierungs- beziehungsweise Beschwerdestellen in den Schulen. Dies ist nicht zuletzt auch deshalb von Bedeutung, weil rassistische Diskriminierung auch von Lehrkräften ausgehen kann. In solchen Fällen sind Kinder (und auch die Eltern) der Situation vollständig machtlos ausgeliefert. Inhouse-Fortbildungen für ganze Kollegien sind ausgesprochen sinnvoll, auch damit die Lehrkräfte miteinander in Austausch kommen. Davon profitiert nicht nur die Qualität der pädagogischen Arbeit, sondern auch die konzeptuelle Arbeit der Schule insgesamt.

Aus meiner Perspektive lassen sich auf einer abstrakten Ebene die pädagogischen Herausforderungen in vier Bereichen herausstellen: 1) Man sollte nicht selbst rassistisch diskriminieren – eine Selbstverständlichkeit. 2) Rassismus aktiv suchen und zwar in Lehrmaterialien, zwischenmenschlichen Beziehungen und sozialen Verhältnissen, und Rassismus thematisieren. Zu warten, bis sich Betroffene zu Wort melden oder Verlage oder Ministerien etwas beanstanden, ist schlicht unprofessionell (und vielleicht sogar indirekt rassistisch). 3) Betroffene Kinder und Jugendliche stärken, sie darauf vorbereiten, sie bei der Entwicklung von Bewältigungsstrategien unterstützen, kurz: empowern. 4) In die eigene Organisation hineinwirken, etwa indem mit Kolleg:innen über die institutionellen Strukturen und Verfahrensweisen gesprochen wird. Wo wird innerhalb der Institution diskriminiert, wo wird Diskriminierung zugelassen und wo wird benachteiligt, weil eine Normalität unterstellt wird, der ein (großer) Teil der Kinder und Familien nicht entspricht? Innerhalb pädagogischer Institutionen ist genau solch ein offener Austausch zu genau diesen Fragen notwendig.

Punkt 1) ist selbstverständlich und war schon immer Pflicht (und es ist eine Binsenweisheit, dass Pflichten auch missachtet werden). Punkte 2) und 3) müssen (heute) von pädagogischen Professionen erwartet werden. Das sollte Teil des Berufsethos sein. Die Punkte 1) bis 3) betreffen im Übrigen ausschließlich Arbeitsbereiche, die jede:r selbst beeinflussen kann. Punkt 4) ist in einer systematischen Analyse auch ein zentraler Teil pädagogischer Professionalität, kann aber – wie ich meine – nicht von jeder Lehr- oder Fachkraft erwartet werden. Denn man müsste seinen Arbeitgeber, seine Chefin und vielleicht auch viele Kolleg:innen kritisieren, was ein persönliches Risiko bedeuten kann. Aber: Wenn alle professionellen Fach- und Lehrkräfte die Punkte 1) bis 3) in ihrem persönlichen Handlungsbereich umsetzen würden, wäre Punkt 4) kein Risiko mehr. Daher handelt es sich bei den 4 Punkten durchaus um eine Hierarchie.

In pädagogischen Institutionen passiert schon einiges, aber noch zu wenig. Wie im folgenden Kapitel gezeigt wird, werden diese Institutionen aufgrund der beschleunigten gesellschaftlichen Veränderungen in relativ kurzer Zeit gezwungen sein zu handeln. Jetzt zu handeln, ermöglicht noch Handlungs- und Gestaltungsspielraum.

8. Über Rassismus sprechen: Identitätspolitik und Populismus von »alten weißen Männern«, unterdrückte und überhitzte Diskurse

Über Rassismus zu sprechen, war lange Zeit kaum möglich. Heute ist es noch immer nicht leicht, schon gar nicht sachlich und unaufgeregt. Dies gilt sowohl in der Kommunikation zwischen zwei Menschen als auch in der Öffentlichkeit, also medial, oder innerhalb einer Teilöffentlichkeit, also etwa in einer Organisation, einem Unternehmen oder einer Institution. Seit 2018 hat es eine erkennbare Öffnung des Diskurses für dieses Themenfeld gegeben und seit dem Sommer 2020 eine enorme Expansion. Im Sommer 2018 waren es die sogenannte Özil-Debatte und der Hashtag #metwo, die das Thema in den Mainstream brachten, wobei hier Zugehörigkeit und hybride Identitäten sowie die damit einhergehenden Diskriminierungs- und Ausschlussprozesse im Vordergrund standen. Im Sommer 2020 erzeugte dann der vollständig auf Video festgehaltene Mord an George Floyd einen weiteren Schub, sodass das Thema nun eine dauerhafte öffentliche Relevanz und einen festen Platz im medialen Mainstream besitzt.

Aber natürlich gab es auch vor 2018 eine antirassistische Bewegung. Viele Migrantenselbstorganisationen bemühen sich seit Anfang der 1980er darum, politisches Gehör zu finden. Mitte der 1980er-Jahre gründete sich beispielsweise die ISD (heute: Initiative Schwarze Menschen in Deutschland) und begann, die Perspektiven und Lebenssituationen schwarzer Menschen in Deutschland zu benennen. Nach 1990 erfuhr das Thema traurige Aktualität und erreichte erstmals den breiten öffentlichen Diskurs, weil im Anschluss an die Wiedervereinigung Rechtsextremismus und rechtsterroristische Anschläge in Ost- und Westdeutschland in nicht gekannter Quantität und Qualität die Schlagzeilen prägten – mit zahlreichen Todesfällen. Die Städtenamen Mölln, Rostock, Solingen und Hoyerswerda stehen sinnbildlich für die Brutalität des damals offen ausgetragenen Rassismus, der aber öffentlich kaum als solcher bezeichnet wurde. Gängiger waren die Begriffe »Ausländerfeindlichkeit« oder »Fremdenfeindlichkeit« sowie »Rechtsextremismus« und »Rechtsradikalismus«. Die schwarz-gelbe Bundesregierung und ihr Bundeskanzler Helmut Kohl (aber auch viele Landesregierungen) trugen durch ihr Verhalten und ihre Äußerungen dazu bei, dass sich die Situation verschärfte: »Das Boot ist voll« ist nur eine der gängigen populistischen Parolen, und das veränderte Zuwanderungsgesetz – das auch als Zuwanderungsvermeidungsgesetz bezeichnet werden kann – ging vollständig auf den Mob ein und ließ in Teilen der migrantischen Minderheiten das Gefühl aufkommen, dass ihre Interessen kaum noch gesehen werden.

In den 1990ern entstand etwa die Initiative »Kanak Attak«, die den politischen Aktivismus und die bundesweite Vernetzung vorantrieb. Das Buch »Kanak Sprak« von Feridun Zaimoglu löste eine Debatte aus.[128] Erstmals wurde offensiv Einfluss genommen, und es veränderte sich etwas: Das Bewusstsein, dass Deutschland ein Einwanderungsland ist, wurde seit 2001 offen ausgesprochen und setzte sich langsam durch.[129] Das Einbürgerungsrecht wurde 2001 reformiert, man konnte jetzt Deutsche:r *werden*, es steckte nicht mehr im Blut – zumindest rechtlich. Dass dies im Alltag noch nicht so war, bringt die Wortneuschöpfung »biodeutsch« – im Übrigen geprägt von Kanak Attak – zum Ausdruck.[130] Der Begriff »Migrationshintergrund« wurde ein amtlicher Terminus und meint (bis heute) zwei »Gruppen«: erstens Menschen, die nicht die deutsche Staatsbürgerschaft haben, und zweitens Menschen, die Deutsche sind, aber als »Ausländer« wahrgenommen werden, auch weil sie eine internationale Familiengeschichte haben.[131] Die Zeit von Ende der 1990er bis etwa 2010 war ruhig, und viele Probleme waren scheinbar gelöst.

Doch 2010 gab es die erste Zäsur, als im Rahmen der Sarrazin-Debatte deutlich wurde, dass ein überraschend großer Teil der Bevölkerung davon überzeugt war, an der These »Deutschland schafft sich ab« könnte etwas dran sein. Und 2011 wurde deutlich, dass seit den 1990ern eine Kontinuität rechtsterroristischer Morde (durch den NSU) besteht, bei deren Aufklärung staatliche Sicherheitsbehörden rassistisch gehandelt haben, und dass eine Beteiligung des Verfassungsschutzes an den Morden bis heute nicht sicher ausgeschlossen werden kann. Als Reaktion auf dieses Desaster wurde

Hans-Georg Maaßen als neuer Chef des Bundesamts für Verfassungsschutz ernannt – eine aus heutiger Perspektive skandalöse Personalentscheidung. Das Erstarken von AfD und PEGIDA und der extreme Anstieg rechter Gewalt nach dem »langen Sommer der Migration« 2015 führten dennoch nicht dazu, dass ein breiter Diskurs über Rassismus stattgefunden hätte. Bei so vielen potenziellen Anlässen ist es bemerkenswert, dass sich nie ein Diskurs über Rassismus etablieren konnte. Es gab zwar viele Demonstrationen und Aktionen, doch das Thema blieb außerhalb des Mainstreams. Wie ist es zu erklären, dass kein solcher Diskurs entstand, und weshalb wurde er dann in sehr kurzer Zeit derart durchschlagend – ausgerechnet aufgrund eines Mordfalls in den USA?

Zunächst gibt es viele Gründe, weshalb es Betroffenen schwerfällt, Rassismus als solchen zu benennen (vgl. Kap. 6 und 7). Aber selbst dann, wenn dies doch geschieht, gibt es Abwehrmechanismen. Es lassen sich vier solcher Dethematisierungsmuster beziehungsweise Distanzierungsmuster darstellen: Skandalisierung, Kulturalisierung, Gleichsetzung mit Rechtsextremismus und Gleichsetzung mit historischem Nationalsozialismus.[132]

Skandalisierung. Dieser Umgang mit einem Rassismusvorwurf ist der Klassiker und geht in zwei Richtungen. Richtung eins: Täter-Opfer-Umkehr. Dass ein Vorfall rassistisch genannt wird, ist das Problem und nicht der rassistische Vorfall. Die betroffene Person muss sich rechtfertigen. Die Fragen, die sie sich gefallen lassen muss: War das überhaupt diskriminierend (Wirkung)? Wenn ja: War das diskriminierend gemeint (Intention)? Ist Rassismus denn die richtige Kategorie, meist:

Muss man direkt mit der Rassismuskeule kommen? Sie/Er ist doch kein Rassist! Der Diskurs wird von dem Vorfall und der Rassismuserfahrung weg und auf die Klassifizierung und Bezeichnung »Rassismus« »abgelenkt«. Die diskriminierte Person wird hinterfragt, als zu empfindlich dargestellt, es wird gegebenenfalls nach niederen Motiven (wie Geltungssucht oder finanzielles Interesse) gesucht. Die beschuldigte Person stellt sich als Opfer dar – und fühlt sich häufig auch tatsächlich so. Bemerkenswert ist dabei, dass auch Unbeteiligte (weiße Menschen) eine Opferhaltung einnehmen, die rassistische Erfahrung der Betroffenen hinterfragen und sich stattdessen selbst angegriffen fühlen. Hier wird erkennbar, dass eine (diffuse) Ahnung von der Existenz von strukturellem Rassismus gerade auch bei denjenigen besteht, die sich vehement gegen Rassismusvorwürfe wehren, obwohl sie gar nicht gemeint sind. Entsprechend steht die Frage im Mittelpunkt: Ist die Benennung legitim? Der Skandal ist die Thematisierung von Diskriminierung und die Verwendung des Begriffs Rassismus.

Richtung zwei: Sofern gesichert ist, dass es sich eindeutig um einen rassistischen Vorfall handelt, wird dieser Vorfall derart skandalisiert, dass er den Status eines extrem seltenen Einzelfalls bekommt. Die Skandalisierung eines rassistischen Vorfalls suggeriert, dass es sich nicht um Alltag, nicht um gesellschaftliche Normalität und entsprechend auch nicht um ein strukturelles Problem handelt, sondern um eine Ausnahmeerscheinung. Die rassistisch agierenden Personen werden als Ewiggestrige, als dumm oder unmoralisch oder gar als typisch ostdeutsch dargestellt. Hier findet also eine Skandalisierung durch Dämonisierung statt. Wenn der böse Täter klar benannt und dämonisiert wurde, stehen »alle« wieder auf der guten Seite. Die Skandalisierung des Vorfalls führt dadurch, dass die Tat und insbesondere der Täter extrem fokussiert werden, zu einer nachhaltigen Unterdrückung des Diskurses. Wenn der Einzelfall sanktioniert wurde, ist das Thema erledigt. Beide Arten von Skandalisierungen, die Skandalisierung der Benennung und die Skandalisierung des Vorfalls, haben damit zu tun, dass Rassismus extrem geächtet wird und damit der Vorwurf und die Handlung dramatisiert werden. Rassismus ist abgrundtief böse (wahrscheinlich nur durch einen Pädophilievorwurf zu überbieten), und so eignen sich Tat und auch schon Vorwurf zu einer Emotionalisierung und moralischen Aufladung des Diskurses.

Kulturalisierung. Durch kulturalistische Zuordnung wird Rassismus maskiert und damit dethematisiert. Was ehemals mit biologischen Unterschieden begründet wurde, wird nun auf kulturelle Unterschiedlichkeit zurückgeführt. Der Ausschluss von Menschen kann also auf »vernünftige« und »anständige« Weise vollzogen werden, weil man sich nicht auf den wissenschaftlich widerlegten und daher in Verruf geratenen Rassebegriff bezieht. Da die rassistisch handelnde Person nicht auf die Rassenlehre rekurriert, da sie überhaupt gar nicht von Menschenrassen spricht, kann es auch kein Rassismus sein, so die Abwehr eines Rassismusvorwurfs. Der Kulturbegriff hat dabei die gleiche Funktion wie der Rassebegriff, überhaupt gab es immer schon eine Verknüpfung zwischen der biologischen/natürlichen und der kulturellen Argumentation im Rassismus. Der Kulturbegriff markiert das Eigene und das Fremde, begründet Nicht-Zugehörigkeit und so weiter. Rassistische Differenzierungen bestehen fort, werden aber mit kulturellen Unterscheidungen begründet, und entsprechend gibt es kaum noch Rassismus, weil nur das als Rassismus gilt, was rein biologisch argumentiert wird. Ein solcher Kulturrassismus beziehungsweise Neo-Rassismus kommt dabei scheinbar aufgeklärt und menschenfreundlich daher, etwa in der Figur der Kulturkreislehre, mit der alle Kulturen wertgeschätzt werden, und zwar als reine kulturelle Prinzipien, die kulturelle Durchmischung wird abgelehnt. Allerdings wird mit dieser Dethematisierungsstrategie auch der emanzipative und aufgeklärte Westen dem irrationalen und rückständigen Anderen gegenübergestellt – insbesondere hinsichtlich Islam und Afrika. Nicht das Schwarzsein oder Muslimsein der Anderen (das heißt ihre »Biologie«) ist das Problem, sondern ihr primitives Verhalten, ihre Unzivilisiertheit und so weiter. Aus dem Motto »Menschen sind verschieden, weil sie unterschiedlichen biologischen Rassen angehören« wird »Menschen sind verschieden, weil sie unterschiedlichen Kulturen angehören«. Die Hierarchisierung wird also lediglich anders begründet. Es ist demnach prinzipiell akzeptabel, wenn etwa schwarze Menschen in Europa leben, allerdings nur, wenn sie sich kulturell der Dominanzkultur unterordnen, assimilieren, sich also wie weiße Menschen verhalten. Rassistische Denkmuster wirken fort, werden aber diffus kulturell gerahmt, also mit Nation, Religion und Ethnizität in Verbindung gebracht. Man kann also von einer Quasi-Rasse sprechen. Die »Kultur« spielt immer dann eine Rolle, wenn es um die Abgrenzung von anderen geht: Was früher Weißsein war, ist nun »das

Abendland«, der Westen, das christliche Europa oder der aufgeklärte Säkularismus oder Atheismus.

Gleichsetzung mit Rechtsextremismus. Rassismus wird dadurch, dass er mit böser Absicht und physischer Gewalt assoziiert wird, gerne weitgehend aus dem Diskurs verbannt. Entsprechend gilt, dass jedes als Rassismus bezeichnete Phänomen danach hinterfragt wird, ob ihm eine rassistische Ideologie und somit eine rassistische Intention zugrunde liegt. Die Kriminalisierung lagert Rassismus in den (extremen) rechten Rand aus, häufig mit einem Täterschematismus, der die Übeltäter als ewig gestrige und gewaltbereite Dummköpfe darstellt und mit einem bestimmten Äußeren assoziiert (Springerstiefel, Glatze). Rassismus ist somit eine Ausnahmeerscheinung und lässt sich lediglich bei wenigen Skinheads oder Hooligans beobachten. Demgegenüber steht die vernünftige gesellschaftliche Mitte, das Bürgertum oder auch linke Milieus, die sich klar gegen Rechtsextremismus stellen und entsprechend als antirassistische, also vollständig rassismusfreie soziale Sphären erscheinen. Dieses Dethematisierungsmuster dient also zugleich der Selbstvergewisserung und Selbstentlastung. Jeder Rassismusvorwurf wird von diesen vermeintlich rassismusfreien Gruppen dann gleichgesetzt mit dem Vorwurf, ein lupenreiner Rassist, also rechtsextrem zu sein. Dies wird durch eine Individualisierung und Psychologisierung des Problems verstärkt, die sich etwa mit den Umwidmungen zu Fremdenfeindlichkeit oder Ausländerfeindlichkeit ausdrücken. Mit diesen Ersatzbegriffen vermeidet man historische Kontinuitäten und kollektive Mechanismen, zudem pathologisiert man mit Begriffen wie Xenophobie (oder auch Islamophobie) rassistisches Verhalten. Zugleich werden die rassifizierten Menschen zu Fremden oder Ausländern gemacht – auch wenn Schwarzsein, Muslimsein, Romasein oder Asiatischsein keineswegs mit Fremdheit oder Staatsangehörigkeit zusammenhängen.[133] Warum können weiße Dänen oder Franzosen in Deutschland fremd und ausländisch sein, aber nicht Opfer von Fremdenfeindlichkeit oder Ausländerfeindlichkeit werden? Es ist Rassismus.

Gleichsetzung mit dem historischen Nationalsozialismus. In diesem Verständnis wird Rassismus als Episode der deutschen Geschichte gesehen, die 1945 ein für alle Mal überwunden war, weil das staatsumfassende diktatorische Prinzip mit der Niederlage der Deutschen endete. Demokratie gilt also als das Gegenteil von Rassismus. Nach diesem Verständnis ist eine geäußerte Kritik gegen die NS-Herrschaft ein starkes Indiz für ein aufgeklärtes Weltbild, das entsprechend nicht rassistisch sein kann. Hier findet eine Selbstentlastung durch Kritik an Hitler, der Judenverfolgung und den allgegenwärtigen Gewaltexzessen der Nationalsozialisten statt. Die Vorstellung, wenn man den Holocaust ablehnt und sich dafür einsetzt, dass sich diese Geschichte nicht wiederholt, bekämpfe man automatisch auch den Rassismus und sorge dafür, dass sich die rassistische Geschichte nicht wiederholt, trägt ganz im Gegenteil dazu bei, dass man nicht über alle Formen des Rassismus sprechen und den rassistischen Kolonialismus nicht aufarbeiten kann.

Diese vier Dethematisierungsmuster führen dazu, dass man über Rassismus als strukturelles Problem kaum sprechen kann und dass diejenigen, die es versuchen, sich rechtfertigen müssen. Gleichzeitig hat sich in kurzer Zeit enorm viel geändert. Spätestens seit 2018 hat sich eine quantitative und qualitative Expansion des Themas Rassismus im öffentlichen Diskurs vollzogen. Rassismus ist seither permanent präsent, ohne dass die dargestellten Abwehrmechanismen verschwunden wären. Sie haben aber an Wirkmacht eingebüßt. Aus dem dominanten Strukturierungsprinzip wurde ein eher randständiges Argumentationsmuster.

Als Auslöser für diese Diskursverschiebung können mehrere Ereignisse genannt werden. Die bereits genannte Özil-Debatte und die dazugehörige rassismuskritische Initiative #metwo führten 2018 zu einer ersten Mobilisierung, bei der es um migrantische (Mehrfach-)Zugehörigkeiten und rassistische Diskriminierung ging. Hier wurde die Tür einen Spalt weit geöffnet, allerdings weitgehend ohne umfassende Folgen. Darauf folgten 2019 der Mordfall Walter Lübcke, der offenlegte, dass alle – also auch weiße Menschen – vom Rechtsextremismus bedroht sind, der Anschlag in Halle, bei dem eine Synagoge und danach ein Döner-Imbiss angegriffen wurden, und dann Anfang 2020 der Anschlag in Hanau u. a. in einer Shisha-Bar, dem neun Menschen zum Opfer fielen, zudem tötete der Täter seine Mutter und sich selbst. Über fast zwei Jahre spielte das Thema aufgrund von schwerwiegenden Vorfällen eine prominente Rolle im öffentlichen Diskurs. Nach den drei genannten Anschlägen folgten auch politische Konsequenzen.[134]

Letztlich hat aber erst die Tötung George Floyds im Mai 2020 die Tür gänzlich aufgestoßen. Anschließend erfuhr die Black-Lives-Matter-Bewegung sehr breite Resonanz und

Unterstützung – schwarze Deutsche beteiligten sich am Diskurs, waren in allen Massenmedien präsent und setzten auch in den neuen Medien die Themen. Die Tötung eines schwarzen Mannes durch einen weißen Polizisten in den USA hat in Deutschland eine wesentlich stärkere Wirkung gehabt als all die rassistischen Vorfälle, Anschläge und Morde in Deutschland zuvor.

Das erscheint erklärungsbedürftig. Es gibt sicherlich nicht nur eine einzige Erklärung, der Kontext weist vielmehr auf vielfältige Zusammenhänge hin.

Die Familien und Freunde der Todesopfer rassistischer Gewalt in Deutschland haben sich bereits vor dem Tod George Floyds vernetzt, insbesondere in Hanau; es fanden eine allgemeine Mobilisierung und Sensibilisierung vor dem Hintergrund der Häufung der Anschläge statt; der Eindruck, dass die Sicherheitsbehörden »auf dem rechten Auge blind« seien, und der Befund, dass staatliche Verstrickungen nicht immer widerlegt werden konnten, ließen das Misstrauen wachsen; daneben hatte sich nach drei Monaten Corona-Lockdown und -Beschränkungen auch ein Aktivitäts- und Aktivismuspotenzial angestaut; nicht zu unterschätzen ist die Wirkung des schrecklichen Videos, das für die allermeisten Zuschauer:innen das erste Mal gewesen sein dürfte, dass sie einem Menschen beim Sterben zusahen, und die Wirkung des Symbolbilds, bei dem die weiße Staatsmacht auf dem Nacken eines wehrlosen schwarzen Menschen steht, der keine Luft mehr bekommt und stirbt. Während sich das Video im Internet auf der ganzen Welt viral verbreitete, wurde über seine Wirkung auch von den Massenmedien umfassend berichtet:

Beides, die Rezeption in neuen und alten Medien, ist wahrscheinlich auch deshalb stark ausgefallen, weil es sich um eine Krisenerscheinung in den USA handelte, denn der Vorfall, die anschließenden Demonstrationen und Ausschreitungen wurden von dem damals noch amtierenden Präsidenten Donald Trump in polarisierender Weise kommentiert – die Strahlkraft der USA verband sich mit der polarisierenden Wirkung Trumps.

Zudem ist zu beachten, dass die Demonstrationen in Deutschland von sehr jungen Menschen angeführt wurden, weshalb auch ein Zusammenhang mit Fridays for Future auf der Hand liegt, sowohl im Hinblick auf die Vernetzung als auch auf die Mobilisierung. Das Thema ist seit dem 25.5.2020 nicht nur in allen gesellschaftlichen Feldern und in der Öffentlichkeit relevant, sondern wird auch von PoC selbst vertreten, sei es auf den Bestsellerlisten, in Talkshows oder in den sozialen Netzwerken. Und entsprechend war am ersten Jahrestag des Anschlags von Hanau im Februar 2021 die Resonanz enorm, auch weil die Betroffenen selbst die Öffentlichkeit herstellten, indem sie Vereine gegründet und mit dem Motto »Say their Names« das Gedenken an die Opfer aktiv geprägt haben.

Die hier aufgeführten Auslöser konnten überhaupt erst eine solche Wirkung entfalten, weil zuvor ein enormer sozialer Wandel stattgefunden hatte. Die zentrale Ursache für diesen gestiegenen Stellenwert des Themas ist die verbesserte Teilhabe von allen benachteiligten Gruppen in relativ kurzer Zeit. Neben PoC gilt dies auch für Frauen, LSBTIQ+ und eingeschränkt auch für Menschen mit Behinderung. Diese

Machtminderheiten haben in den vergangenen Jahrzehnten ihre Chancen in Bildung und Beruf deutlich verbessert. Sie besetzen immer mehr Positionen und haben die Diversität an den Verhandlungstischen (etwa auch in den Redaktionen) der Gesellschaft enorm erhöht. Zugleich hat sich eine gewisse Sensibilität für Diskriminierung auch bei vielen nicht-betroffenen Menschen entwickelt. Und nicht zuletzt hat Digitalisierung die Vernetzung von Minderheiten und von Menschen mit ähnlichen Interessen extrem vorangetrieben. Diversität, Sensibilität und Digitalisierung haben zugleich eine Generationenkomponente: Die jüngeren Jahrgänge sind deutlich diverser, dadurch haben sehr viele von ihnen Erfahrungen mit Rassismus und Diskriminierung selbst gemacht oder bei ihren Freund:innen erlebt, und schließlich haben sich die Jungen eigene Unterhaltungs-, Informations- und auch Bildungsangebote geschaffen, wodurch die klassischen Medien sowie die Unterhaltungsindustrie und mit ihnen weniger sensibilisierte Generationen und Gruppen unter Druck geraten.

Das alles hat dazu geführt, dass sich der Resonanzboden für viele Themen, aber insbesondere für Rassismus(kritik), erweitert hat. Die Widerstände und Abwehrmechanismen sind noch lange nicht verschwunden, aber sie sind nicht mehr dominant und auch nicht mehr imstande, das Reden über Rassismus zu unterdrücken. Mit der verbesserten Teilhabe ging (leicht zeitversetzt) eine stärkere Partizipation an den öffentlichen Diskursen einher. Die reale Möglichkeit, über Rassismus zu sprechen und zu dem Thema gehört und verstanden, das heißt als relevant angesehen zu werden, kann als neue Selbstverständlichkeit des öffentlichen Diskurses gelten. Allerdings handelt es sich um komplexe Veränderungen, denn die Diversität und die höheren Kompetenzen führen auch zu deutlich gestiegenen Ansprüchen und Erwartungen.

Dadurch haben wir folgende paradoxe Situation: Für Status und Chancen einer Person in der Gesellschaft spielt eine spezifische Herkunft oder Identität eine immer geringere Rolle, und *deshalb* nimmt die Herkunft oder Identität im öffentlichen Diskurs einen immer größeren Raum ein. Immer mehr Menschen aus benachteiligten Gruppen haben nun die Macht und die Kompetenz, sich zu organisieren und in den Diskurs einzubringen. Das heißt: Weil es weniger Diskriminierung gibt, können Diskriminierte über Diskriminierung sprechen. Wir befinden uns also in einer Zwischenphase: Immer weniger Menschen sind aus dem öffentlichen Diskurs ausgeschlossen, immer mehr Gruppen können Öffentlichkeit herstellen, und zugleich gibt es immer noch Diskriminierung.

Dadurch, dass immer häufiger und lauter über Diskriminierung gesprochen wird, kann schnell der Eindruck entstehen, alles sei schlimmer geworden. Das Gegenteil ist der Fall: Früher haben Betroffene nichts gesagt, weil die Ungleichbehandlungen derart präsent und allgegenwärtig waren, dass sie kaum thematisiert werden konnten. Ungleichbehandlungen oder gar Erniedrigungen fallen dann am stärksten auf, wenn sie aus dem Rahmen fallen, also: wenn sie nicht mehr die alles bestimmende Regel sind (vgl. Kap. 6). Es gibt weniger Diskriminierung und mehr Teilhabechancen. Entsprechend sind die feministischen, queeren oder rassismuskritischen Aktivist:innen in der Regel statushohe, hochgebildete und beruflich erfolgreiche Personen.

Es setzen sich also in aller Regel nicht die Benachteiligten gegen Benachteiligung ein, sondern hochgebildete und statushohe Menschen, die einer benachteiligten Gruppe angehören oder ein benachteiligendes Merkmal aufweisen. Die Tatsache, dass sich die eher Privilegierten unter den Stigmatisierten zu Wort melden, ist dabei keineswegs ein Manko und sollte auch nicht problematisiert werden. Die *Wahrnehmung* von Diskriminierung und die *Fähigkeiten*, Rassismus zu erkennen und zu benennen, sich zu vernetzen und Gehör zu verschaffen auf der einen Seite (als innere Faktoren) sowie die entsprechende *Position beziehungsweise Sprecherposition*, am Diskurs überhaupt teilnehmen zu können (äußere Statusfaktoren), spielen hier zusammen und sind Zugangsbedingungen zum öffentlichen Diskurs. Genau dies ist ein zentrales Kennzeichen von Macht- und Herrschaftsverhältnissen. Und dieser Umstand kann dann aber auch dazu führen, dass privilegierte PoC zu weißen Menschen in prekärer Lebenslage sagen: »Check your privilege.«[135]

Wahrnehmung, Kompetenz und Status/Position von PoC haben sich stark verändert, spielen zusammen und verlagern die Diskussion: Während es in einem früheren Stadium noch um einen Platz am Tisch und ein Stück vom Kuchen ging (soziale und ökonomische Fragen), werden im nächsten Schritt, wenn bereits einige Minderheitenangehörige am Tisch sitzen, die Tischordnung und das Kuchenrezept infrage gestellt (kulturelle und symbolische Fragen). Sitzt erst mal eine hinreichend große Gruppe am Tisch, kann sie Öffentlichkeit herstellen, Interessen artikulieren und Kritik adressieren. Dabei kann die gesamte Kultur auf den Prüfstand geraten, da aufgrund des strukturellen Rassismus überall dort rassistische Diskriminierung gefunden werden wird, wo man sucht, und das über eine längere Zeit.

Durch Wahrnehmungs-, Kompetenz- und Statusveränderungen steigt auch das Komplexitätsniveau in Analysen zu Rassismus. Es wird nicht mehr nur über die Benachteiligung der Benachteiligten gesprochen, sondern auch über die Privilegien der Privilegierten. Der Begriff »(alter) weißer Mann« (häufig älter, heterosexuell und ohne Behinderung) benennt und delegitimiert eine privilegierte und dominante Stellung. Schwarze sprechen über das Weißsein, Frauen über Mansplaining, Queere über Heteronormativität und so weiter. »Weiße Männer« werden als letzte »freilaufende« Gruppe in einer identitätspolitischen Kategorie eingefangen und verlieren ihre Freiheit und ihren Universalitätsanspruch. Weißsein und Mannsein führen dazu, dass sie nicht mehr als objektiv gelten, es handelt sich vielmehr um eine andere Subjektivität, eine andere Betroffenheit.[136]

Man könnte nun meinen, dass dies fair sei, weil nun alle am Tisch in irgendeiner Kategorie gefangen seien (und sich als Opfer fühlen können). Dass dies nicht als Fortschritt gesehen wird, erkennt man an der zunehmenden Hitzigkeit des Diskurses, der ehemals positive oder neutrale Begriffe wie Aktivismus, politische Korrektheit oder Identitätspolitik negativ konnotiert und als Gefahr für den gesellschaftlichen Frieden darstellt. Dieser Bewertungswandel findet in dem Begriff »Cancel Culture« seinen vorläufigen Höhepunkt: Der legitime Meinungskorridor verengt sich scheinbar, es wird konstatiert, die Meinungsfreiheit sei in Gefahr.[137] Gleichzeitig steigern Populismus und ein rhetorisch aggressiver werdender Rassismus vonseiten recht(skonservativ)er Politiker die Schärfe des Diskurses weiter. So gibt es immer mehr Beanstandungen (meist im Hinblick auf die Wortwahl, was plausibel ist, da der öffentliche Diskurs ein rein sprachliches Konstrukt ist) und zugleich immer gereiztere Reaktionen.

Das mag Stress sein, aber die Meinungsfreiheit ist dadurch ganz sicher nicht in Gefahr. Vielmehr verwechselt man da etwas: Die meisten, die sagen, es gäbe keine Meinungsfreiheit mehr, meinen eigentlich, dass sie kaum noch etwas sagen können, ohne dass ihnen jemand widerspricht. Meinungsfreiheit meint aber, dass man innerhalb des gesetzlich Erlaubten unendlich vieles sagen darf und damit zugleich unendlich viele Gelegenheiten für Widerspruch bestehen. Wenn heute widersprochen wird, wo dies in der Vergangenheit nicht der Fall war, dann ist das ein starkes Indiz für mehr Meinungsfreiheit beziehungsweise ein Indiz für Meinungsfreiheit für mehr *Menschen*. Zugleich ist dies anstrengend für jene Menschen, die ehemals das Privileg hatten, unwidersprochen zu bleiben. Und durch die Hitzigkeit des Diskurses wird es auch anstrengender für alle anderen.

Es gibt, weil es leichter fällt, über Rassismus zu sprechen, weitere merkwürdige Effekte: Praktisch immer, wenn ein Thema in den Mainstream kommt, muss das Diskursniveau sinken. Mainstreaming bedeutet nämlich, dass nun sehr viele Menschen mitreden und sich dafür interessieren. Während Betroffene und Expert:innen zuvor in relativ kleinen Kreisen auf zunehmend höherem (wissenschaftlichem) Niveau über das Phänomen sprachen, beteiligen sich nun Tausende, die sich teilweise erstmals überhaupt damit beschäftigen und entsprechend auf einem eher oberflächlichen Niveau »mitreden«. Dadurch kann auch wieder der Eindruck entstehen, man mache Rückschritte und diskutiere über Dinge, die doch schon geklärt schienen. Häufig fällt der Satz »Wir waren da mal weiter«. Es handelt sich hier jedoch um einen Beobachtungsfehler: Immer mehr Menschen informieren sich, beteiligen sich, machen das Thema relevanter und präsenter (Ratgeberliteratur und Regenbogenpresse).

Allerdings stimmt schon: Das durchschnittliche Diskursniveau sinkt. Durch den Bedeutungszuwachs des Themas im Diskurs etablieren Akteur:innen (auf allen Seiten) bestimmte Rollen, die unter Umständen dazu führen, dass ein gewisses Interesse entsteht, einen kontroversen Diskurs aufrechtzuhalten. Die Übertreibungen lassen sich zum Teil auch damit erklären. In einem neuen Themenfeld im Mainstream mit zahlreichen neuen Aktivist:innen und Protagonist:innen fehlen notwendigerweise »Maß und Mitte«. Regelmäßig kommt es zu Empörungen: weil man etwas beanstandet, was früher nicht problematisiert beziehungsweise thematisiert wurde, oder weil sich ein aggressiver Widerstand formiert. Insgesamt handelt es sich um einen sehr emotionalisierten Diskurs, weil es um Verletzungen der Diskriminierten geht, aber auch um das Infragestellen von Privilegien der Dominanten und ihrer Legitimation. Dadurch, dass sich viele junge Menschen aktiv einmischen und die intimsten Sphären der Kultur, etwa die Sprache, erfolgreich verändern, kommt es zu enormen Emotionalisierungen.

Aber gleichzeitig darf nicht übersehen werden, dass die

Öffnung des Diskurses es ermöglicht hat, dass Rassismus – auch als strukturelles Problem – in fast allen Bereichen identifiziert und thematisiert wird, etwa im Sport (zuletzt im Film »Schwarzer Adler«), im Theater (etwa im Schauspielhaus Düsseldorf), im Fernsehen (»Die letzte Instanz«), in der Literatur (beispielsweise die Übersetzung Amanda Gormans), um nur einige Bereiche zu nennen. Auch in der Personal- und Organisationsentwicklung spielen rassismuskritische Inhalte zunehmend eine Rolle, etwa in Rahmen von Fortbildungen oder Workshops. Gleiches gilt in der universitären Lehre und Forschung.

Man kann durchaus so weit gehen zu sagen: Rassismuskritik ist trendy. Innerhalb der jüngeren Generationen (unter 30) ist das Thema weitgehend konfliktfrei im gebildeten Mainstream. Die »woken« Aktivist:innen lösen die (eher unpolitischen) Hipster ab. Gut gebildete junge weiße Großstädter:innen reflektieren ihre Privilegien, bemühen sich, dem Weißsein gegenüber kritisch zu sein, und pflegen eine in jeder Hinsicht diskriminierungskritische Sprache. Man versucht, ein Ally zu sein, also ein:e Verbündete:r, für diskriminierte oder vulnerable Gruppen, indem man solidarisch, empathisch und aktiv unterstützend handelt. Diese Generation versteht sich als »intersektional«, das heißt verschiedene Diskriminierungsformen und Machtminderheiten gleichzeitig berücksichtigend – und zwar hauptsächlich auf zwei Ebenen: der Ebene der Selbstreflexion (insbesondere im Hinblick auf die eigene Privilegiertheit) und der Ebene der Sprache (um in jeder Hinsicht so diskriminierungsfrei wie möglich zu sprechen). Dies sind die zentralen Betätigungsfelder junger Aktivist:innen, aus denen kreative Bildungsangebote und Initiativen erwachsen. »Check your privileges«, »Ally-sein« und »Wokeness« sind Trends, die inhaltlich mit den jüngsten Entwicklungen im Kontext von Rassismus zusammenhängen, die aber vom Denk- und Handlungsmodus her zu den ohnehin schon länger bestehenden und wachsenden Achtsamkeitsdiskursen und -bewegungen passen.

Dieser beträchtliche soziale Wandel führt nun auch dazu, dass Rassismus in der Öffentlichkeit in ganz anderen Kontexten Thema wird als vor dem Sommer 2020. Auslöser sind nun nicht mehr rechtsextreme Anschläge mit Todesopfern, sondern Alltags- und struktureller Rassismus, insbesondere in der Sprache und in der Repräsentation (wer spricht und wie?). Während also bis 2020 in der Regel sehr schwerwiegende Vorfälle eine öffentliche Diskussion über Rassismus herbeiführten, sind es zunehmend eher niedrigschwellige Diskursanlässe, die jedoch mit ähnlicher Vehemenz vorgetragen werden. Während noch bis zum Tod von George Floyd ausschließlich Gewalt und Mord dazu führten, dass man gegen Rechts demonstrierte und dann für relativ kurze Zeit über Rechtsextremismus und Rechtspopulismus gesprochen hat, wird Rassismus heute in seinen strukturellen und subtilen Ausprägungen thematisierbar, ganz ohne Gewalt und Extremismus, auch ohne böse Absicht, häufig als rein sprachliches Phänomen. Dadurch steigt die Taktung neuer Vorfälle und bleibt dauerhaft hoch.

Wenn man weiß, dass »struktureller Rassismus« bedeutet, dass Rassismus noch längere Zeit überall und jederzeit identifiziert und thematisiert werden kann und wird, dann sollte deutlich werden, dass Empörung und Skandalisierung unangebracht sind. Alles deutet darauf hin, dass das Thema relevant bleiben wird, dass aber auch die Widerstände aufrechterhalten werden. Deutlich wird jedoch schon jetzt, dass die Dethematisierungsmuster nicht mehr geeignet sind, Diskurse zu unterdrücken. Solche Argumentationsmuster führen nicht mehr zu Dethematisierung, sondern lediglich zu Widerstand innerhalb der stattfindenden Diskurse.

Wenn erhöhte Teilhabechancen und Kompetenzen mit einer höheren Wahrnehmung und Thematisierung von Diskriminierung einhergehen, kann dies dazu führen, dass sich gerade *durch* eine Verringerung von Diskriminierung der Diskurs zugleich öffnet und verschärft. Je stärker eine Ungleichbehandlung aus dem Rahmen des Gewöhnlichen oder Erwarteten fällt, desto eher kann sie als diskriminierend wahrgenommen werden. Zudem wird die Hitzigkeit durch die Widerstände verstärkt, in diesem Fall von sich in die Defensive gedrängt fühlenden Angehörigen der ehemals dominanteren Gruppen. Entsprechend kann man es gesamtgesellschaftlich auf den Punkt bringen: Je erfolgreicher ein soziales Problem (in diesem Fall rassistische Diskriminierung) bekämpft wird, desto stärker wird das verbliebene (und zugleich kleiner gewordene) Restproblem wahrgenommen und kontrovers diskutiert. Das heißt: mehr Teilhabe, mehr Chancen und mehr Konflikte. Die offene Gesellschaft liberalisiert sich weiter, die radikalen konservativen Kräfte radikalisieren sich zunehmend und opponieren, die Diskurse polarisieren sich.

Wozu also Rassismus? Als Herrschafts- und Ordnungsprinzip hat er die Gesellschaft und die Diskurse strukturiert, bildete einen wichtigen Teil des Kitts. Dieser Teil des gesellschaftlichen Zusammenhalts ist weggebrochen. Und das ist gut, erzeugt aber gleichzeitig Probleme.

9. Rassismuskritik: Wissen, Haltung, Praxis

Nachdem Rassismus in den vorhergehenden Kapiteln in vielen seiner Facetten beleuchtet wurde, stellt sich die Frage: Was nun? Wie kann Kritik am Rassismus geübt werden?

Rassismuskritik kann vieles bedeuten. Sie ist kein klar umrissener Ansatz. Die Beschäftigung mit Ansätzen und Perspektiven des konstruktiven Umgangs mit diesem leidvollen Phänomen erscheint heute angesichts der enormen Tragweite der öffentlichen Diskussionen von besonderer Bedeutung. Das Thema Rassismus hat den Mainstream erreicht, was notwendigerweise zu einem gewissen Niveauverlust im Diskurs führt. Es führt aber auch dazu, dass Diskurse von Betroffenen nicht mehr ausschließlich in sicheren Räumen stattfinden. Gleichzeitig findet heute das statt, was zwingend erforderlich ist: Weiße Menschen sprechen über Rassismus. Das ist deshalb so wichtig, weil ein Problem nicht gelöst werden kann, wenn es jenseits der Empörung, die auf rassistisch motivierte Attentate folgt, nur die Betroffenen interessiert.

Gleichzeitig ist das Themenfeld extrem komplex und historisch sehr belastet. Rassismuskritik ist zwingend eine Schlüsselkompetenz für pädagogische Professionen. Allerdings wird es auch zunehmend erforderlich, dass sich interessierte Bürger:innen, die sich an entsprechenden Diskussionen beteiligen, fortbilden und sich Wissen aneignen. Die gesellschaftlichen Entwicklungen der vergangenen 20 Jahre lassen die Vermutung zu, dass weite Teile dieses Themenfeldes in Zukunft ins Allgemeinwissen einziehen werden. Allerdings handelt es sich nicht nur um Wissen. Es geht auch um Haltung und um Handlung. Rassismuskritik verstehe ich als soziale Positionierung, als Perspektive auf die Welt und als soziale Praxis der Reflexion.[138]

Rassismuskritik führt zu mehreren (neueren) Prinzipien, die den Widersprüchlichkeiten, Wechselbeziehungen und der Komplexität Rechnung tragen. Von zentraler Bedeutung ist (a) die Erkenntnis, dass Rassismus strukturell in Kultur und Gesellschaft verankert ist, wodurch jede:r auch immer persönlich oder organisational involviert ist, ob sie oder er will oder nicht. In den Wissensstrukturen, in der Sprache und in den Eigentums- und Klassenverhältnissen sowie in den Institutionen sind die »alten« Herrschaftsverhältnisse eingeschrieben. Mit dem Begriff Antirassismus wird suggeriert, es reiche, dagegen zu sein, und damit hätte man mit Rassismus nichts zu tun. Der Begriff Rassismuskritik hingegen markiert deutlich, dass es kein Außerhalb gibt, dass man Rassismus ablehnen und bekämpfen muss, dass man aber gleichzeitig in die Verhältnisse verstrickt und Teil genau jener Strukturen ist, die man kritisiert. Sei es als negativ betroffener, also diskriminierter Mensch, sei es als positiv betroffener, also privilegierter Mensch. Während man also Rassismus analysiert und kritisiert, ist man immer Teil des Problems. Weißsein bedeutet eben nicht, neutral zu sein. Nicht-Weißsein bedeutet auch nicht, neutral zu sein.

Wer nicht rassistisch sein möchte, muss sich mit Rassismus auseinandersetzen, darüber sprechen und aktiv werden. Niemand muss sich rechtfertigen, dass er oder sie rassistisch denkt und handelt, sondern nur, wenn sie oder er nichts daran ändert. Ändern bedeutet Thematisieren. Daher gehört (b) das Bewusstsein dazu, dass man Rassismus thematisieren muss, man aber auch durch diese Thematisierung den Rassismus reproduziert. Die Thematisierung ist also in sich widersprüchlich, aber notwendig. Die Idee der »Farbenblindheit«, also die Behauptung, dass Rassismus »in unserem Unternehmen« gar keine Rolle spiele, ist ein gutes Indiz dafür, dass es dort eben gerade nicht gut aussieht. Denn wer behauptet, farbenblind zu sein, läuft Gefahr, blind gegenüber Rassismus zu sein. Rassismuskritik ist also eine Haltung, die reflexiv erfasst, dass das Sprechen über Rassismus notwendig ist, es aber zugleich zur Reproduktion rassistischer Denkmuster führt.

Damit sind wir (c) bei der Mehrperspektivität beziehungsweise der Perspektivenerweiterung. Denn es geht bei Weitem nicht mehr nur um die Benachteiligung der Benachteiligten, sondern auch um die Privilegien der Privilegierten. Damit beschäftigen sich kritische Rassismusforschung, kritische Weißseinsforschung und ähnliche Ansätze. Im öffentlichen Diskurs stehen der Begriff »Privileg« und die Figur des »alten weißen Mannes« für diese Perspektivenerweiterung. »Check your privileges« ist immer häufiger die Devise, oder auch »Be an Ally«.

Diese Perspektivenerweiterung bezieht sich auf Inhalt,

Form und Sprecher:innen, also Repräsentanz. Worüber wird gesprochen, und was wird gesagt? Wie wird es gesagt? Aber zunehmend geht es auch um die Repräsentation, also um die Frage: Wer spricht? Auf alle drei kommt es heute an. Die Frage, wer spricht, ist durchaus relevant für alle anderen Bereiche, aber nicht in einem deterministischen Sinne. Repräsentanz ist deshalb wichtig, weil sich sowohl Form als auch Inhalt ändern, wenn zum Beispiel Frauen, PoC oder LSBTIQ+ sprechen. Das muss nicht so sein, denn Rassismuskritik ist nicht an eine Identität oder ein Identitätsmerkmal gekoppelt. Aber es hat empirisch belegbar einen Unterschied gemacht, ob PoC Forschungsfragen in der Migrations- und Rassismusforschung entwickelt haben oder ob dies ausschließlich weiße Deutsche taten. Anlog gilt dies auch für alle anderen gesellschaftlichen Handlungsfelder. Rassismuskritik bedeutet also die Position und die Perspektive, dass es gerade nicht von der Identität oder bestimmten Merkmalen abhängen muss, inwieweit man rassismuskritisch ist oder sein kann. Gleichzeitig ist aber eine dauerhafte Unterrepräsentanz nicht zu rechtfertigen.

Und zudem gilt es zu reflektieren, dass sich die Verhältnisse in die richtige Richtung entwickeln, die strukturellen Probleme zumindest öffentlich diskutiert und kritisiert werden, der Sprachgebrauch in bemerkenswerter Geschwindigkeit angepasst wurde und schließlich im Hinblick auf die Repräsentanz wesentliche Fortschritte erzielt wurden.

Gleichzeitig – man müsste sagen: parallel – verlaufen problematische Entwicklungen. Die Dämonisierung der Shisha-Bar, die zu einer Chiffre für Clankriminalität wurde, ist so eine negative Entwicklung. Zum einen handelt es sich um »safe spaces«, also Orte, in denen Rassismus eine geringe Rolle spielt, zum anderen sind es aufgrund von Rassismus die wenigen für PoC zugänglichen öffentlichen Orte – denn *Racial Profiling* findet selbstverständlich auch an Discotüren statt. Zugespitzt formuliert: Der letzte Rückzugsort wird zur No-Go-Area erklärt. Im Übrigen haben all die Durchsuchungen und Personenkontrollen in unzähligen Shisha-Bars bundesweit selbst nach Einschätzung der Polizei zu keinerlei nennenswerten oder auch nur den Aufwand rechtfertigenden Ergebnissen geführt. Wenn sich Sicherheitsbehörden positiv gegenüber diesen Schikanen – »Strategie der 1.000 Messerstiche« – äußern, dann wird das subjektive Sicherheitsgefühl der Bevölkerung angeführt. Hier wird entlarvt, wessen subjektives Gefühl zählt und wessen nicht.

Ähnliches ließe sich für andere Bereiche zeigen. Etwa, dass es ein strukturelles Problem und eine systematische Schieflage ist, wenn eine Gruppe unter extremer Beobachtung steht. Dies gilt ganz sicher für Muslime. Es ist eine Binsenweisheit, dass man dort eher etwas Negatives findet, wo man sucht. Wenn also eine Gruppe, die sozial benachteiligt und von rassistischer Diskriminierung betroffen ist, ganz besonders intensiv beobachtet und dabei auch streng bewertet wird, dann führt dies zu einer Ungleichbehandlung, die in der Wirkung wiederum diskriminierend sein kann. Ja, allein das Beobachten und das Fragenstellen können benachteiligen.

Unterschiedliche Maßstäbe liegen etwa da vor, wo sogenannte muslimische Clans dämonisiert und zum größten nationalen Sicherheitsrisiko stilisiert werden, zugleich aber alle

Daten zeigen, dass es andere Gruppen der organisierten Kriminalität gibt, die kaum thematisiert werden, obwohl sie eher imstande wären, strukturellen Schaden anzurichten, etwa Wirtschafts- und Bankenkriminalität. Und selbst die sogenannte italienische Mafia ist umsatzstärker und besser vernetzt als die sogenannten Clans. Anderes Beispiel: Auch die Dethematisierung der Corona-Daten bei PoC und in sogenannten Brennpunkten ließe sich hier nennen. Die Argumentation, dass man nicht darüber reden wolle, weil das dem rechten Rand in die Hände spiele, man aber stattdessen in Kauf nimmt, dass genau diejenigen sich infizieren, erkranken und auch häufiger sterben, die vom rechten Rand bedroht werden, zeugt von einem noch recht unterentwickelten Sinn für Rassismus – besonders im Krisenfall.

Auf der anderen Seite ist die Grenze etwa zwischen Islamkritik und antimuslimischem Rassismus gar nicht leicht zu ziehen. An sich ist Religionskritik immer auch Herrschaftskritik. Diese Herrschaftskritik kann aber schnell umschlagen in Rassismus, also eine menschenfeindliche Herrschaftsideologie. Religionskritik ist also auch genauso Herrschaftskritik wie Rassismuskritik, beides zielt auf Emanzipation. Das Spannungsfeld zwischen Religionskritik und Rassismuskritik im Hinblick auf Muslime ist offensichtlich. Genauso offensichtlich ist aber auch, dass es eine mittlerweile etablierte Strategie ist, antimuslimischen Rassismus als Religionskritik zu tarnen. Es gibt große Unterschiede zwischen der Religionskritik im Hinblick auf das Christentum und Islamkritik, die an anderer Stelle thematisiert wurden.[139]

Die Komplexität, die gerade aufgrund der sehr fortgeschrittenen Phase, in der sich die offene Gesellschaft befindet, besonders hoch ist, birgt eine Reihe von Risiken, insbesondere im Hinblick auf die Positionen von Aktivist:innen und der sozialen Bewegungen auf der einen Seite und bezüglich hitziger und polarisierter Abwehrdiskurse auf der anderen Seite. Diese Komplexität lässt sich mit der bereits verwendeten Metapher verdeutlichen:

Immer mehr PoC und Menschen mit internationaler Geschichte haben sich an den Tisch gesetzt (Position) und ein Stück vom Kuchen bekommen (Ressourcen). Die realen Teilhabechancen sind ganz deutlich gestiegen. Mittlerweile, weil diese neu an den Tisch Gekommenen nun ein Teil der Tischgesellschaft sind, reicht einigen ihr Platz am Tisch und ihr Stück vom Kuchen nicht mehr, sie fragen, ob das der richtige Kuchen und ob die Tischordnung noch zeitgemäß ist. Sie mischen sich in das Kuchenrezept ein, wollen mitbestimmen und gestalten. Zunächst sind es also Konflikte um soziale Positionen und Ressourcen (ökonomische und soziale Verteilungskonflikte), im Zeitverlauf werden soziale Privilegien, Deutungshoheiten und Dominanzverhältnisse infrage gestellt und neu ausgehandelt (Kultur- und Identitätskonflikte).

Wir haben eine relativ kurze Geschichte der Teilhabe von PoC, also schwarzen und migrantisierten Menschen. Gerade diese erleben, dass es am Tisch weder vollends gleichberechtigt noch wirklich diskriminierungsfrei zugeht. Minderheitenangehörige schließen sich nun am Tisch zusammen, um ihren jeweiligen (spezifischen) Interessen Nachdruck zu verleihen. Identitätspolitik der Minderheiten wird nun also wahrscheinlicher. Das (Wieder-)Aufkeimen der Identitätspolitik repräsentiert den paradoxen Effekt, dass eine spezifische Identität eine immer geringere Rolle für Stellung und Chancen einer Person in der Gesellschaft spielt, aber gleichzeitig im öffentlichen Diskurs einen immer größeren Raum einnimmt.

Allerdings vertreten rassismuskritische Akteur:innen keineswegs einheitliche Positionen. Im Gegenteil: Die Bewegungen, Initiativen und Aktivismen gegen Diskriminierung können widersprüchlicher kaum sein: Spielt die Hautfarbe oder die ethnische Herkunft eine besondere Rolle oder nicht? Ist man stolz darauf, schwarz oder muslimisch oder Roma zu sein? Oder spielt das überhaupt keine hervorgehobene Rolle? Gibt es ein ausgeprägtes Community-Leben, in dem Schwarze oder ethnische Gruppenangehörige verbündet sind, oder werden die Gruppen divers gebildet? Die Organisations- und Widerstandsformen gegen Rassismus sind in sich widersprüchlich, weil es der Rassismus selbst auch ist. Widersprüchliche Botschaften können sein: »Pass dich an« oder »Hau ab dorthin, wo du hergekommen bist«. Oder auch: Man hört überall, dass die Hautfarbe keine Rolle spiele, aber während der gesamten Sozialisation erlebt man, dass das nicht stimmt, dass sie doch eine große Rolle spielt. Oder: Manchmal wünscht man sich die schwarze Person herbei (etwa für ein Foto, das Weltoffenheit symbolisieren soll), ein anderes Mal erzeugt sie Angst (und man wechselt die Straßenseite). Ein widersprüchliches oder paradoxes Ausgangsproblem lässt sich nicht geradlinig oder formallogisch lösen.

In Selbstbezeichnungen drücken sich diese Widersprüchlichkeiten auch aus: Manchmal ist von »Kanaken« (in Abgrenzung zu »Almans«) die Rede, manchmal positionieren sich

PoC als Deutsche, wieder andere sehen sich in der Kategorie PoC gut beschrieben, manchmal finden aber auch nationale (also »kurdisch«, »vietnamesisch« oder »deutsch-türkisch«) oder religiöse (z.B. Muslime) Selbstbezeichnungen Verwendung. Wieder andere dekonstruieren diese Begriffe und verweigern solch klare Festlegungen. Man kann drei idealtypische Positionen unterscheiden: Stolz auf die Differenz, die dann besonders betont wird (»Ich liebe mein Schwarzsein«, »Ich bin stolz, schwarz zu sein«); Irrelevanz der Differenz und Erwartung der Gleichheit (»Ich bin Mensch wie alle anderen«, »Ich bin Deutscher, von mir aus schwarzer Deutscher«); Dekonstruktion von Dichotomien und Verweigerung der Festlegung (»Hautfarbe ist genau wie Deutschsein eine machtvolle Konstruktion«). All dies sind Formen der Emanzipation. Weil sie so unterschiedlich sind, kommt es zu internen Kontroversen. Deshalb müssen sich die Debatten wiederholen, sie werden immer wieder aufs Neue geführt, immer mit leichten Veränderungen, und es besteht die Gefahr, sich in Spezialdiskursen zu verrennen. Denn die Widersprüchlichkeiten und Ambivalenzen stecken in den Herrschaftsverhältnissen selbst und sind am unmittelbarsten in der Sprache und in der Kommunikation erkennbar. Und deshalb wird Sprache selbst zum Gegenstand der Kontroversen. Dadurch werden die Sprache und damit der Diskurs abstrakter und komplexer, was die Gefahr birgt, dass ohnehin benachteiligte Menschen ausgeschlossen werden, weil sie weder die Themen erschließen noch die Begriffe nachvollziehen können. Im Übrigen sollte man reflektieren, dass man jahrhundertealte und sehr widersprüchliche Herrschafts- und Unterdrückungsverhältnisse, die sich in Sprache und Denkmuster eingeschrieben haben, nicht in absehbarer Zeit sprachlich und konzeptuell auflösen können wird. Rassismuskritik als reflexive Praxis sollte sich um diskriminierungsfreie Sprache und Konzepte bemühen, aber immer im Wissen, dass dies nicht widerspruchsfrei gelingen wird.[140]

Ebenso irritierend erscheint es vielen (Nicht-Betroffenen), dass Betroffene manchmal bereit sind, über ihre Erfahrungen zu sprechen, sogar zum Fragen auffordern, ihnen manchmal aber auch das ständige Sprechen über die Verletzungen der Diskriminierung unangenehm ist, insbesondere dann, wenn die Preisgabe der persönlichen Erfahrung anschließend bewertet wird, etwa im Hinblick darauf, ob das jetzt wirklich Diskriminierung oder Rassismus war. Dies ist auch eine Generationen- und Klassenfrage.

Zurück zum Tisch: All die beschriebenen Prozesse fanden und finden nicht nur in Bezug auf Schwarze, PoC und Menschen mit internationaler Geschichte statt, sondern auch auf jede andere benachteiligte Gruppe. Frauen, LSBTIQ+, Menschen mit Behinderung und Ostdeutsche haben sich an den Tisch gesetzt. Auch wenn sie alle am Tisch noch unterrepräsentiert sind, haben sie die Verhältnisse durcheinandergebracht. Sie alle wollen nicht nur am Bestehenden teilhaben, sondern mit- und umgestalten. Und zudem sind dies nicht parallel existierende Kategorien, sondern intersektionale, etwa eine schwarze lesbische Frau mit Behinderung. Diese Teilhabezuwächse und die Intersektionalität überfordern die Gesellschaft erkennbar, auch und nicht zuletzt weil Weißsein kategorial angesprochen wird und so weiße Menschen erstmals unter Rechtfertigungsdruck geraten können. Die Privilegien von Weißen werden zunehmend thematisiert und diskutiert.[141] Dies führt zu hitzigen Diskursen darüber, ob die Meinungsfreiheit eingeschränkt wird, ob wir uns in Richtung Cancel Culture bewegen und so weiter. Zugleich wird immer deutlicher, dass aufgrund wünschenswerter Entwicklungen Weißsein (plus Mannsein) zwar noch mit Privilegien einhergeht, aber keineswegs zwingend in eine Machtposition führt. Andere intersektionale Dimensionen kommen hinzu: Man denke an einen weißen Langzeitarbeitslosen oder Obdachlosen. Weißsein bietet mehr Chancen, aber die grundsätzliche Verletzbarkeit bleibt bestehen.

Die komplexen Verhältnisse führen derzeit zu Übertreibungen im Diskurs. Dies liegt nicht zuletzt daran, dass der aktivistische Widerstand gegen all diese Diskriminierungsdimensionen ähnliche Widersprüchlichkeiten aufweist: Betont und feiert man das Merkmal (Gay-/LSBTIQ-Pride) oder wünscht man sich einfach, dass die sexuelle Orientierung keine Rolle spielt, oder lehnt man diese Kategorien als Konstruktionen ab und verweigert eine Festlegung? Durch diese Widersprüchlichkeiten entstehen innerhalb und zwischen den Bewegungen Konfliktlinien. Entsprechend kommt es zu Konkurrenzverhältnissen und Bündnissen zugleich.

Das Verständnis von den Widersprüchlichkeiten ist noch nicht weit verbreitet. Das Bewusstsein, dass Rassismus noch ein Teil der gesellschaftlichen Normalität ist und dass man überall dort, wo man nach ihm sucht, Rassismus finden wird, sollte zu mehr Gelassenheit und Ruhe führen. Auch ein Bewusstsein von der mittelfristigen Unlösbarkeit bestimmter sprachlicher Problemstellungen einer diskriminierungsfreien Ausdrucksweise wäre sinnvoll. Gelassenheit und Ruhe sowie eine begründbare Inkonsequenz könnten einen konstruktiven Diskurs, von dem alles abhängt, aufrechterhalten.

Rassismuskritk ist letztlich eine kontinuierliche Praxis der Selbstreflexion und der Reflexion der sozialen Ordnung und ihrer Legitimität – für jeden Menschen, der Diskriminierungen und Verletzungen anderer möglichst vermeiden möchte.

Dabei darf nicht in Vergessenheit geraten: Rassismus tötet. Die Todesopfer rechtsextremer Gewalt in Deutschland seit 1990: Mahmud Azhar, Andrzej Frątczak, Amadeu Antonio, Nihad Yusufoğlu, Alexander Selchow, Lothar Fischer, Jorge João Gomondai, Helmut Leja, Agostinho Comboio, Samuel Kofi Yeboah, Wolfgang Auch, Mete Ekşi, Gerd Himmstädt, Timo Kählke, Ingo Ludwig, namentlich unbekannter Mann, namentlich unbekanntes Kind, namentlich unbekannte Frau, Blanka Zmigrod, Matthias Knabe, Dragomir Christinel, Ingo Finnern, Gustav Schneeclaus, Erich Bosse, Nguyễn Văn Tú, Thorsten Lamprecht, Emil Wendland, Sadri Berisha, Dieter Klaus Klein, Ireneusz Szyderski, Frank Bönisch, Günter Schwannecke, Waltraud Scheffler, Rolf Schulze, Karl-Hans Rohn, Alfred Salomon, Silvio Meier, Bahide Arslan, Yeliz Arslan, Ayse Yilmaz, Bruno Kappi, Şahin Çalışır, Karl Sidon, Mario Jödecke, Mike Zerna, Mustafa Demiral, Hans-Peter Zarse, Friedrich Maßling, Matthias Lüders, Jeff Dominiak, Gürsün İnce, Hülya Genç, Gülüstan Öztürk, Hatice Genç, Saime Genç, Horst Hennersdorf, Hans-Georg Jakobson, namentlich unbekannter Obdachloser, Bakary Singateh alias Kolong Jamba, Ali Bayram, Eberhart Tennstedt, Klaus R., Beate Fischer, Jan

W., Gunter Marx, Alexandra Rousi, Piotr Kania, Michael Gäbler, Horst Pulter, Peter T., Dagmar Kohlmann, Klaus-Peter Beer, Monica Maiamba Bunga, Christine Makodila, Nsuzana Bunga, Christelle Makodila Nsimba, Sylvio Bruno Comlan Amoussou, Rabia El Omari, Françoise Makodila Landu, Jean-Daniel Makodila Kosi, Legrand Makodila Mbongo, Miya Makodila, Patricia Wright, Sven Beuter, Martin Kemming, Bernd Grigol, Boris Morawek, Werner Weickum, Achmed Bachir, Frank Böttcher, Antonio Melis, Stefan Grage, Olaf Schmidke, Chris Danneil, Horst Gens, Phan Van Toau, Augustin Blotzki, Rolf Baginski, Mathias Scheydt, Georg Jürgen Uhl, Josef Anton Gera, Jana G., Erich Fisk, Nuno Lourenço, Farid Guendoul alias Omar Ben Noui, Egon Effertz, Peter Deutschmann, Carlos Fernando, Patrick Thürmer, Kurt Schneider, Hans-Werner Gärtner, Daniela Peyerl, Ruth Zillenbiller, Horst Zillenbiller, Karl-Heinz Lietz, Jörg Danek, Bernd Schmidt, Helmut Sackers, Dieter Eich, Falko Lüdtke, Alberto Adriano, Thomas Goretzky, Matthias Larisch von Woitowitz, Yvonne Hachtkemper, Klaus-Dieter Gerecke, Jürgen Seifert, Norbert Plath, ungeborenes Kind, Enver Şimşek, Malte Lerch, Belaid Baylal, Eckhardt Rütz, Fred Blank, Willi Worg, Mohammed Belhadj, Axel Urbanietz, Abdurrahim Özüdoğru, Süleyman Taşköprü, Dieter Manzke, Klaus-Dieter Harms, Dorit Botts, Habil Kılıç, Arthur Lampel, Ingo Binsch, Jeremiah Duggan, Klaus Dieter Lehmann, Kajrat Batesov, Ronald Masch, Marinus Schöberl, Ahmet Sarlak, Hartmut Balzke, Andreas Oertel, Enrico Schreiber, Günter T., Gerhard Fischhöder, Thomas K., Hartmut Nickel, Mechthild Bucksteeg, Alja Nickel, Petros C., Stefanos C., Viktor Filimonov, Waldemar Ickert, Aleksander Schleicher, Oleg Valger, Martin Görges, Mehmet Turgut, Oury Jalloh, Thomas Schulz, İsmail Yaşar, Theodoros Boulgarides, 44-jährige unbekannte Person, Tim Maier, Mehmet Kubaşık, Halit Yozgat, Andreas Pietrzak, Andreas F., Michèle Kiesewetter, M. S., Jenisa, Peter Siebert, Bernd Köhler, Hans-Joachim Sbrzesny, Karl-Heinz Teichmann, Rick Langenstein, Marcel W., Marwa El-Sherbini, Sven M., Kamal Kilade, Duy-Doan Pham, André Kleinau, Burak Bektaş, Klaus-Peter Kühn, Karl Heinz L., Andrea B., Konstantin M., Dano, Charles Werabe, Luke Holland, Jim Reeves, Chousein Daitzik, Selçuk Kılıç, Sabina Sulaj, Armela Segashi, Giuliano Josef Kollmann, Can Leyla, Sevda Dağ, Janos Roberto Rafael, Dijamant Zabërgja, Eugeniu Botnari, Daniel Ernst, Ruth K., Christian Sonnemann, Christopher W., Philipp W., Walter Lübcke, Jana L., Kevin S., Gökhan Gültekin, Sedat Gürbüz, Said Nesar Hashemi, Mercedes Kierpacz, Hamza Kurtović, Vili Viorel Păun, Fatih Saraçoğlu, Ferhat Unvar, Kaloyan Velkov, Gabriele Rathjen[142]

#saytheirnames

Anmerkungen

1 Einige begriffliche Erläuterungen: People of Colour (PoC) = nichtweiße Menschen, Menschen, die rassifiziert oder migrantisiert werden. Rassen = eine in Bezug auf Menschen unzulässige und unwissenschaftliche Kategorie, die aber als pseudowissenschaftliche Grundlage für Rassismus Folgen zeitigt(e). LSBTIQ+ = Lesben, Schwule, Trans- und Intersexuelle, Queere plus. Sternchen »*« = entweder der Hinweis für eine Maskierung eines rassistischen Begriffs (N*kuss) oder für eine Markierung eines rassistischen Begriffs (Mulatte*, Rasse*). Die Adjektive »schwarz« und »weiß« bezogen auf Menschen meinen nicht die Farben im engeren Sinn, sondern soziale Kategorien. Mittlerweile hat sich deshalb in vielen Kontexten etabliert, »Schwarz« groß und »*weiß*« kursiv zu schreiben, um auf die politische Dimmension hinzuweisen. Als politisches Zeichen oder auch als Selbstbezeichnung (im Hinblick auf »Schwarz«) ist dies durchaus nachvollziehbar. In dieser soziologischen Analyse wird davon abgesehen.

2 Essed 1992, S. 375. Ähnliche Definitionen u. a. bei Frederickson 2002, Arndt 2017, Memmi 1992, Miles 1991, Zick 2010.

3 Zum Konzept des Rassismus ohne Rassen vgl. Balibar 1992 und Hall 1989. Neben diesen beiden eher (post-)marxistischen Autoren sind grundsätzlich und speziell für die postkoloniale Theoriebildung relevant: Spivak 2010 und Mbembe 2014.

4 Vgl. Hall 1989. Rassismen sind nicht nur bezogen auf verschiedene Gruppen, sondern auch im Hinblick auf verschiedene historische Kontexte voneinander zu unterscheiden. Im Rahmen dieses Buches ist dies in keiner angemessenen Weise möglich. Hier werden lediglich große

Linien dargestellt, die weitgehend, aber auch nicht immer, alle Typen umfass(t)en.

5 Zu Anti-Roma-Rassismus: vgl. Scherr 2017; zu antimuslimischem Rassismus: Biskamp 2016, Benz 2017; zu Antisemitismus: Schäuble 2017.

6 Ausführlicher hierzu: Marten/Walgenbach 2017, Lutz u. a. 2010.

7 Vgl. Scherr u. a. 2017.

8 Zuletzt El-Mafaalani 2020a, 2020b.

9 Vgl. hierzu auch El-Mafaalani 2020a, Kap. 8 in diesem Buch.

10 Rassismus bzw. Kolonialismus gab es etwa auch bei den Arabern und den Osmanen. Im Folgenden geht es allerdings aus drei Gründen ausschließlich um Europa und Deutschland: Zum einen haben die europäischen Entwickungen die globalen Verhältnisse geprägt, zum anderen sind die (pseudo-)wissenschaftlichen und normativen europäischen Begründungen des Rassismus weltweit einzigartig, zum dritten bezieht sich dieses Buch in doppelter Hinsicht auf Europa und Deutschland, nämlich als Perspektive und als Gegenstand.

11 Vgl. u. a. Arndt 2012 & 2017.

12 Ähnlich u. a. Fredrickson 2004, Priester 2003, Terkessidis 1998 & 2019, IDA-NRW 2021.

13 Ausführlich u. a. Priester 2003, Broden 2011.

14 Ausführlich Terkessidis 2019.

15 Der sogenannte »genealogische Rassismus« (IDA-NRW 2021). Der Begriff »blaues Blut« weist bereits darauf hin.

16 In der Physionomik hat dies prominent Johann Casper Lavater vorangetrieben.

17 Es ist auch nicht ohne weiteres möglich, Kants Rassenlehre von seiner Vernunfttheorie zu trennen, denn sie hängen zusammen. In einigen Rasse-Texten kann man den Eindruck bekommen, dass er Nicht-Weißen die Vernunftfähigkeit abspricht. Die Vernunftfähigkeit ist zugleich substantielle Grundlage für die Fähigkeit zur Autonomie des Menschen.

18 Es ist nicht damit getan, den »vorkritischen« Kant (also vor seinen Hauptwerken aus den 1780ern) von dem »kritischen« Kant zu unterscheiden. Denn Rassismus lässt sich in fast allen Jahrzehnten seiner Schaffenszeit identifizieren. Im Folgenden einige exemplarische Zitate: »Die Menschheit ist in ihrer größten Vollkommenheit in der Race der

Weißen. Die gelben Indianer haben schon ein geringeres Talent. Die Neger sind weit tiefer, und am tiefsten steht ein Theil der amerikanischen Völkerschaften.« Mit Indianer sind die Bewohner Indiens gemeint, also Inder. Allerdings ist nicht gesichert, inwieweit dieses Zitat aus »*Physische Geographie*« wirklich in genau dieser Form von Kant selbst stammt. Anders sieht es hingegen in seiner 1764 erschienenen Schrift »*Beobachtungen über das Gefühl des Schönen und Erhabenen*«. Hier heißt es: »Die Negers von Afrika haben von der Natur kein Gefühl, welches über das Läppische stiege. Herr Hume [gemeint ist der Philosoph David Hume, AEM) fordert jedermann auf, ein einziges Beyspiel anzuführen, da ein Neger Talente gewiesen habe, und behauptet: daß unter den hunderttausenden von Schwarzen, die aus ihren Ländern anderwärts verführt werden, obgleich deren sehr viele auch in Freyheit gesetzt würden, dennoch nicht ein einziger jemals gefunden worden, der entweder in Kunst oder Wissenschaft, oder irgend einer andern rühmlichen Eigenschaft etwas großes vorgestellt habe, obgleich unter den Weißen sich beständig welche aus dem niedrigsten Pöbel empor schwingen, und durch vorzügliche Gaben in der Welt ein Ansehen erwerben. So wesentlich ist der Unterschied zwischen diesen Menschengeschlechtern, und er scheint eben so groß in Ansehung der Gemütsfähigkeiten, als der Farbe nach zu seyn.« Im Jahr 1775 erschien der Text »*Über die verschieden Racen der Menschen*« und im Jahr 1785 der Aufsatz »*Bestimmung des Begriffs einer Menschenrace*«. Hier unterscheidet er 4 Menschenrassen (wobei er in den beiden Texten jeweils andere »Rasseneinteilungen« vornimmt), die sich aus einer Stammrasse entwickelten. Die Texte sind weniger abwertend, eher beschreibend. Im Jahr 1788 erschien mit »*Über den Gebrauch teleologischer Principien in der Philosophie*« ein wieder deutlich stärker abwertender Text, in dem er etwa über die indigene Bevölkerung Amerikas Folgendes formulierte: »Daß aber ihr Naturell zu keiner völligen Angemessenheit mit irgend einem Klima gelangt ist, läßt sich auch daraus abnehmen, dass schwerlich ein anderer Grund angegeben kann, warum diese Race, zu schwach für schwere Arbeit, zu gleichgültig für emsige, und unfähig zu aller Cultur (…) noch tief unter dem Neger selbst steht, welcher doch die niedrigste unter allen übrigen Stufen einnimmt, die wir als Racenverschiedenheiten genannt haben.« Ab den 1790ern schreibt

Kant nicht mehr abwertend über nicht weiße »Rassen«. Allerdings hat er sich erstens nie explizit von der hierarchisierenden Rassenlehre, die er im deutschsprachigen Raum erst populär gemacht hat, distanziert; zweitens nutzt er den Begriff »Race« weiterhin - wenn auch deskriptiv als biologische Kategorie - und legitimiert ihn dadurch; drittens beschreibt er auch noch 1798 ein Buch von Christoph Girtanner als »schön und gründlich«, in dem Rassenhierarchien ausführlich und zum Teil mit Verweis auf Kants Schriften vollzogen werden; viertens publizierte er noch bis 1799 seinen älteren (problematischen) Rasse-Text erneut. Dies spricht deutlich gegen eine (umfassende) Distanzierung von der Rassentheorie. Richtig ist zugleich, dass sich Kant in seiner 1791 erschienen Schrift »Zum ewigen Frieden« kritisch mit dem Kolonialismus der Staaten Europas auseinandersetzt. Die Diskussion um den Rassismus in Kants Werk kann man u. a. nachlesen bei Kleingeld (2007), die versucht zu zeigen, dass Kant sich am Ende seiner Schaffenszeit indirekt von Rassentheorien distanzierte, und Bernasconi (2011), der eher die These der Distanzierung bezweifelt. Dass Kant rassistisch ist, kann kaum bezweifelt werden. Diese Feststellung muss aber noch nicht bedeuten, dass man Kant aus der Champions League der Philosophie streicht. Inwiefern seine Hauptwerke rassistisch kontaminiert ist, kann ich nicht beurteilen.

19 In Hegels (1924, S. 53) Vorlesungen über die Philosophie der Geschichte heißt es: »Die Sklaverei ist an und für sich Unrecht, denn das Wesen des Menschen ist die Freiheit, doch zu dieser muß er erst reif werden. Es ist also die allmähliche Abschaffung der Sklaverei etwas Angemesseneres und Richtigeres als ihre plötzliche Aufhebung. Wir verlassen hiermit Afrika, um späterhin seiner keine Erwähnung mehr zu tun. Denn es ist kein geschichtlicher Weltteil, er hat keine Bewegung und Entwicklung aufzuweisen, und was etwa in ihm, das heißt, in seinem Norden geschehen ist, gehört der asiatischen und europäischen Welt zu. Karthago war dort ein wichtiges und vorübergehendes Moment, aber als phönizische Kolonie fällt es Asien zu. Ägypten wird im Übergange des Menschengeistes von Osten nach Westen betrachtet werden, aber es ist nicht dem afrikanischen Geiste zugehörig. Was wir eigentlich unter Afrika verstehen, das ist das Geschichtslose und Unaufgeschlossene, das noch ganz im natürlichen Geiste befangen ist, und das hier bloß an der Schwelle der Weltgeschichte vorgeführt werden mußte. Wir befinden uns jetzt erst, nachdem wir dieses von uns geschoben haben, auf dem wirklichen Theater der Weltgeschichte.« Von nun an spricht er über Asien und Europa. Über die indigene Bevölkerung Amerikas spricht er kaum und wenn, dann extrem abfällig.

20 Der Begriff stammt von Geiss 1988, der beschreibt, wie durch die Sklavenbefreiung aus einer »Rassen-Kasten-Gesellschaft« eine »Rassen-Klassen-Gesellschaft« wurde.

21 Vgl. Fredrickson 2004, Priester 2003, Terkessidis 2019. Zudem hat sich bereits früh ein bis heute wirksames koloniales Bild von Afrika (vgl. u.a. Mbembe 2014) sowie von der islamischen Welt bzw. dem Orient (vgl. Said 1981) etabliert – und global verbreitet.

22 Wenn von Deutschland die Rede ist, dann sind alle Staaten auf deutschem Gebiet gemeint, also insbesondere Preußen und das Deutsche Reich. Vgl. insbesondere Terkessidis 2019. Auch im Hinblick auf die ambivalenten Rollen von Größen wie Alexander von Humboldt, Kaiser Wilhelm oder auch der Familie Welser findet man dort interessante Ausführungen.

23 In Namibia fanden die erste Form des Vernichtungskriegs und die Einführung von Konzentrationslagern statt.

24 Analog hierzu auch Antisemitismus.

25 Die Stadt Düsseldorf hat als bisher einzige Stadt alle Straßennamen systematisch durch einen Beirat prüfen lassen. Der Beirat empfiehlt, eine Reihe von Straßen umzubenennen. Zum Abschlussbericht: https://www.duesseldorf.de/fileadmin/Amt41-M/Gedenkstaette/200123Abschlussbericht_Strassennamen.pdf.

26 Das Kinderlied »Zehn kleine Negerlein*« kommt ursprünglich vom Lied »Ten little injuns*« (Indianer), das später zu »Ten little niggers*« wurde – in jeder Variante massiv rassistisch.

27 In Schulbüchern wird zum Teil ein rassistisches Bild von Menschen dargestellt, also eine hierarchische Differenzierung, sowie ein Afrikabild konstruiert, das keine Geschichte hat (ganz im Sinne Hegels, vgl. Kap. 2). Mittlerweile liegt eine Vielzahl von Studien aus der Schulbuchforschung vor (etwa Marmer u.a. 2015).

28 Von Terkessidis 2019 werden die Gegenwart und die Komplexität dieses und angrenzender Probleme in umfassender Weise dargestellt. Dabei werden u. a. auch die Ausstellungen von Kulturgütern anderer Völker sowie die grundsätzliche Praxis von Völkerkundemuseen kritisch diskutiert.

29 Exemplarisch: Das Völkerkundemuseum Rautenstrauch-Joest-Museum in Köln wurde erst 2010 in neuen Räumlichkeiten wiedereröffnet. Das Humboldt-Forum in Berlin eröffnete Ende 2020.

30 Genannt werden können im Übrigen auch Gerichte und Kochbücher (etwa »Der Mohr* im Hemd« in einem Kochbuch von Sarah Wiener 2009).

31 Zum Problem der Reproduktion dessen, wogegen man sich wendet, indem man es thematisiert, vgl. Kap. 9.

32 Es handelt sich in der Regel um hierarchische Abwertungen (Lehrling, Prüfling, Neuling) oder um moralische Abwertungen (Wüstling, Naivling, Feigling). Entsprechend heißt es nicht etwa Oberhaupt, sondern Häuptling. Hierzu auch: Arndt/Hornscheidt 2004.

33 El-Mafaalani 2020a.

34 Wann entsteht vorurteilsbelastetes Denken bei Kindern? Vgl. hierzu z. B. Degner/Dalege 2013. Wie stark diese Wissensstrukturen bei Kindern bereits wirken, vgl. Clark u. a. 1947. Der Doll-Test, bei dem sich sowohl weiße als auch schwarze Kinder mehrheitlich für die weiße Puppe entschieden und dieser gute Eigenschaften zuschrieben, während mit der schwarzen Puppe eher negative Eigenschaften verbunden wurden, wurde mehrfach wiederholt, zuletzt sehr prominent bei CNN von Margaret Beale Spencer 2010. Auf Gewaltlernen bezogen: Bandura u. a. 1963.

35 Zuerst Terkessidis 1998. Zur Entstehensgeschichte der historischen Wissensbestände und -archive vgl. Arndt/Ofuatey-Alazard 2019.

36 »Die symbolische Effizienz des negativen Vorurteils, in der sozialen Ordnung gesellschaftlich institutionalisiert, rührt zum großen Teil daher, dass es sich aus eigener Kraft bestätigt« (Bourdieu 1997, S. 162).

37 Entsprechend kann Rassismus sowohl vor dem Hintergrund eines realen Konflikts (Bobo 1988) als auch als irrationale Ausgrenzung (Sears 1988) beschrieben werden.

38 Zu Punkt 1: Wilder 1984, Cook 1984; Punkt 2: Pettigrew 1969. Die sogenannte Kontakthypothese stimmt daher nur »zur Hälfte«.

39 Eine Ausnahme bildeten die sogenannten »Gastarbeiter« unter Tage – aber nur die männlichen Arbeiter, nicht die Familien, Mütter und Kinder.

40 El-Mafaalani 2020b. Vgl. auch Endnote 20.

41 Auf der Flucht starben im Mittelmeer: 2016 über 5.000, 2017 über 3.100, 2018 über 2.200, 2019 1.335, 2020 1.166 Menschen.

42 Zudem sei daran erinnert, dass alle europäischen Staaten ihre Gesellschaften (und ihre wachsenden Bevölkerungen) überhaupt nur durch Auswanderung und Kolonialisierung stabilisieren konnten (vgl. Kap. 2).

43 In Bezug auf die sehr unterschiedliche (aber rassismusrelevante) Deutung von Fluchthelfern/Schleusern vgl. Arslan/Fereidooni 2018.

44 Askriptive Merkmale umfassen körperliche Kategorien (etwa Geschlecht, Hautfarbe) sowie kollektive Zugehörigkeiten (etwa Religion/Konfession). Ausführlicher zur Problematik »askriptiver Merkmale« im Zusammenhang mit gesellschaftlicher Hierarchiebildung, vgl. u. a. Neumeyer/Meulemann 2017 und Kreckel 2004. Auch bereits Parsons 1965.

45 Welche Fähigkeiten und Leistungen werden (an)erkannt? Inwiefern benachteiligen männlich dominierte Unternehmenskulturen Frauen? Usw.

46 Scherr u. a. 2017.

47 Bourdieu 1979 & 2001. Im Vorwort zum Buch »Die männliche Herrschaft« formuliert er es so: »In der Tat habe ich mich über das, was man das Paradox der Doxa nennen könnte, schon immer gewundert. Die Tatsache, daß die Weltordnung, so wie sie ist, mit ihren Einbahnstraßen und Durchfahrverboten, im eigentlichen wie im übertragenen Sinn, ihren Verpflichtungen und Sanktionen grosso modo respektiert wird und daß es nicht zu mehr Zuwiderhandlungen oder Subversionen, Delikten und »Verrücktheiten« kommt (es genügt, wenn man an die erstaunliche Abstimmung von Tausenden von Dispositionen – oder Absichten – denkt, die fünf Minuten Automobilverkehr auf der Place de la Bastille oder der Place de la Concorde erfordern). Oder daß sich, was noch erstaunlicher ist, die bestehende Ordnung mit ihren Herrschaftsverhältnissen, ihren Rechten und Bevorzugungen, ihren Privilegien und Ungerechtigkeiten, von einigen historischen Zufällen abgesehen, letzten Endes mit solcher Mühelosigkeit erhält und daß die unerträglichsten Lebensbedingungen so häufig als akzeptabel und sogar natürlich erscheinen können« (Bourdieu 2005, S. 7). Kurz darauf wird das symbolische Prinzip der Herrschaft beschrieben, »das der Herrschende wie der Beherrschte kennen und anerkennen. Dabei kann es sich um eine Sprache (oder Aussprache), einen Lebensstil (oder eine Denk-, Sprech- oder Handlungsweise) und, allgemeiner, eine distinktive Eigenschaft, ein Emblem oder ein Stigma handeln, unter denen die symbolisch wirksamste die Hautfarbe ist, diese völlig willkürliche körperliche Eigenschaft ohne jede Voraussagekraft« (S. 8). Bourdieu spricht hier Klassismus und Rassismus an – und das in einem Buch über männliche Herrschaft, also über Sexismus und Genderthemen. Zu Doxa im hier skizzierten Sinne vgl. auch die empirische Studie von Weiß 2001. Zudem unterscheidet Bourdieu zwischen Doxa (Grundlagen), Heterodoxie (Diskurs) und Orthodoxie (Mainstream). Anja Weiß zeigt dies anhand rassistischer Muster in antifaschistischen Szenen.

48 Andere Beispiele: Warum bekommen Frauen, die ihre Männer töten, systematisch längere Haftstrafen als Männer, die ihre Frauen töten? Warum werden die Kriminalität und die Gewalt, die von armen und migrantisierten Menschen ausgeübt werden, regelmäßig härter sanktioniert als die Kriminalität und Gewalt von Anzugträgern und SUV-Fahrer:innen? Die Liste ließe sich beliebig verlängern.

49 PoC-Mediziner sind in den letzten Jahren sehr aktiv, diese »Wissenslücken« zu schließen.

50 Brunner 2020. Manchmal ist auch von epistemischem Rassismus die Rede. Verwandt sind auch die Begriffe »Kolonialität des Wissens« oder symbolische Herrschaft bzw. Gewalt.

51 Rundfunkanstalten, Museen, Theater oder Verlage sind in aller Regel nicht selbst darauf gekommen, bestimmte rassistische Elemente in ihren Programmen zu hinterfragen und zu kritisieren.

52 Vgl. etwa Czollek 2020 im Hinblick auf Antisemitismus in der Kunst.

53 Mecheril 2002 spricht von natio-ethno-kultureller Zugehörigkeit, um die diffusen Unterscheidungen kenntlich zu machen, die mal entlang der Nationalität, mal entlang der Kategorie Ethnie, mal entlang von Kulturunterschieden konstruiert werden.

54 Zuschreibungen: Weiße können theoretisch alles; individuelles Talent und Fleiß entscheiden. Andere können bestimmte Dinge: Asiaten können Mathe, Schwarze sind körperlich stark und entsprechend gut in Sport. Hierbei handelt es sich dann um kollektive Kompetenzen, die nicht der einzelnen Person zugeschrieben werden. Also: Selbst dann, wenn bestimmten Kategorien bestimmte positive Fähigkeiten zugesprochen werden, wirkt dies in zweifacher Hinsicht abwertend: Erstens nicht als individuelle Leistung (während aber in einer Leistungsgesellschaft individuelle Leistungen am stärksten honoriert werden), zweitens indem jede positive Zuschreibung im Gesamtbild die »weiße Dominanz« bestätigt, weil weiße Menschen alles auch können, wenn sie wollen, aber als Individuen.

55 Der Begriff »VerAnderung« geht zurück auf Reuter 2002.

56 Insbesondere seit Bourdieus 1987 feine Unterschiede (man müsste besser sagen: feine Unterscheidungen). Im Original lautete der Titel übrigens: *La distinction.*

57 Zugehörigkeits- und Anerkennungskämpfe, die sich insbesondere in Identitätspolitiken ausdrücken, sind also gewissermaßen der Versuch, Gleiches mit Gleichem zu bekämpfen.

58 Zum Begriff Idealtypus vgl. allen voran Max Weber 1914.

59 So nennen jugendliche PoC regelmäßig als besonders belastend die Diskriminierung an der Discotür.

60 Ein anderes Beispiel: Die Intention spielt grundsätzlich eine große Rolle, etwa auch im Strafrecht. Aber: Wenn man schwer verletzt wird, spielt es für das Schmerzempfinden oder den Heilungsprozess überhaupt keine Rolle, ob es intendiert war oder sich um ein Versehen handelte. Zum anderen weiß man sehr genau, dass Intentionen – etwa zu nachhaltigem Konsum oder gesundheitsbewusstem Verhalten – nicht unbedingt mit der gelebten Praxis korrelieren. Zu der Perspektive Betroffener komme ich später (Kap. 6).

61 Im Unterschied zur latenten Unterdrückung meint offene Unterdrückung, dass ein Vorsatz erkennbar, aber nicht zu beanstanden ist. Es handelte sich also um eine Gesellschaft, die die Rassenlehre noch pflegt.

62 Der Begriff »Nigger*« ist in den USA nach wie vor mit einem beachtlichen Tabu belegt. Anders ist es mit der Selbstbezeichnung »Nigga*«, die insbesondere in der Musik- und Jugendkultur Verwendung findet.

Tupac Shakur hat es folgendermaßen formuliert: »Niggers was the ones on the rope hanging out on the field. Niggaz is the ones with gold ropes hanging out at clubs.« Es ist also nicht richtig, dass das N-Wort in den USA innerhalb der *black communities* frei verwendet wird. Vielmehr haben sich zwei N-Worte etabliert, das eine wird tabuisiert, das andere wird in ganz spezifischen Kontexten verwendet. Vgl. hierzu auch McWhorter 2021.

63 Vgl. El-Mafaalani 2018. Eine solche Übernahme des N-Worts durch schwarze Menschen (»reappropriation« oder »reclamation«) kann als Ausdruck von Empowerment gedeutet werden. Ähnlich in der feministischen Jugendsprache die Bezeichnung »Bitch« oder »Schlampe«.

64 Die Perspektive »Diskriminierung« ist im Übrigen von Grund auf intersektional (vgl. Kap 1 und 9).

65 Vgl. Endnote 18.

66 Bourdieu 2005, zuletzt El-Mafaalani 2020b.

67 Dies zeigt sich nicht zuletzt auch in der Forschung. Mittlerweile wird nicht nur zu Ausgrenzungspraktiken im herkömmlichen Sinne geforscht, sondern zudem auch zum Verwehren zusätzlicher Hilfestellung und zivilgesellschaftlicher Solidarität, etwa während Corona (vgl. Vortrag von Ruta Yemane und Hannah Arnu 2021: Solidarität mit allen? Intergruppen-Hilfeverhalten in Zeiten von Corona, https://coronasoziologie.blog.wzb.eu/podcast/ruta-yemane-und-hannah-arnu-solidaritaet-mit-allen-intergruppen-hilfeverhalten-in-zeiten-von-corona/).

68 Diese allgegenwärtige Benachteiligung kann zudem negative Auswirkungen auf die Motivation insbesondere bei Jugendlichen haben (vgl. Kap. 6 und 7).

69 Hierbei handelt es sich nicht um einen strengen/klaren Institutionenbegriff, sondern eher um den Alltagsbegriff, bei dem manchmal Institutionen und Organisationen weitgehend synonym verwendet, manchmal aber auch ganze Märkte bzw. Branchen als Institutionen verstanden werden.

70 Vgl. Gomolla 2017; Melter 2007 betont dabei, dass professionelles und unprofessionelles Handeln bzw. Unterlassen in der Organisation genauso dazugezählt werden sollten, wenn die Wirkung eine systematische Benachteiligung bestimmter Gruppen nach ethnischen, nationalen oder kulturellen Merkmalen ist. Im einflussreichen Macpherson-Report wird institutioneller Rassismus verstanden als ein kollektives Versagen einer Organisation, allen Menschen unabhängig von ethischer Herkunft adäquate Dienstleistungen bereitzustellen (vgl. Macpherson 1999).

71 Zudem lässt sich unterscheiden, ob eine Handlung intentional war und damit direkt diskriminierend wirksam ist (direkte Diskriminierung) oder ob sie nicht-intendiert war und damit indirekt wirkt (indirekte Diskriminierung) (vgl. Gomolla 2017). Beispiel für direkte Diskriminierung: keine Schulpflicht für Kinder mit ungesichertem Status, denn nur bestimmte Kinder sind von dieser Maßnahme direkt betroffen. Beispiel für indirekte Diskriminierung: Deutsche Sprachkenntnisse als Voraussetzung – Migrantenkinder werden negativ getroffen, aber nicht weil sie Migrantenkinder sind, sondern indirekt.

72 Der Wohnungsmarkt kann nicht ohne Weiteres zu »Institutionen« gezählt werden, aber dazu später.

73 Abgesehen von Pionierarbeiten (Gomolla/Radtke 2002) und weiteren kleineren Forschungen liegen kaum umfassende Analysen vor. Daher muss die empirische Basis als (sehr) dünn bezeichnet werden. Das ist international durchaus anders.

74 Talcott Parsons 1965 analysiert das spannungsreiche Verhältnis von Recht und Kultur innerhalb einer Gesellschaft im Kontext der Gleichstellung von schwarzen US-Amerikaner:innen. Während rechtliche Gleichstellung relativ schnell weitgehend realisiert wurde, sei die reale (also strukturelle und alltagskulturelle) Gleichstellung eine langwierige Angelegenheit. Parsons verwendet nicht den Terminus institutioneller Rassismus. Er wurde vielmehr durch die Bürgerrechtsbewegung geprägt (hierzu Gomolla 2017). Damals fand keine systematische Differenzierung zwischen strukturellen und institutionellen Mechanismen statt (dies gilt zum Teil auch noch heute). Der Macpherson-Report hat die Hintergründe und die Ermittlungspannen zum Todesfall eines schwarzen Jungen untersucht, bei dem in vielerlei Hinsicht institutioneller Rassismus attestiert wurde. Genau ein solches Vorgehen wird in Deutschland vielfach auch zu den »NSU-Pannen« gewünscht (ggf. auch zu den Anschlägen in Dessau, Hanau und Halle), dass nämlich eine unabhängige Kommission die Polizeiarbeit rassismuskritisch überprüft.

75 In der soziologischen Theorie spricht man auch davon, dass moderne Gesellschaften funktional differenziert sind, also sich primär in arbeitsteilige Systeme aufteilen, etwa Wirtschaft, Politik, Recht, Erziehung, Wissenschaft etc. (vgl. Luhmann 1997). Dies hat dann auch Auswirkungen auf die Organisationen, die sich in einem gesellschaftlichen Teilsystem bewegen.

76 Ähnliches gilt auch für Medienunternehmen, etwa aufgrund der Bedeutung von Dramatisierungen und Polarisierungen (vgl. u. a. Jäger 2010, Ruhrmann 2017).

77 Hier weiß man z. B., dass Sozialarbeiter:innen am aktivsten sind sowohl im Hinblick auf das allgemeine Fortbildungsverhalten als auch bezüglich der Entwicklung eines rassismuskritischen Professionsverständnisses.

78 Wegweisend: Gomolla/Radtke 2003, Gogolin 1994, aktuell: Massumi 2019, Karakayali u. a. 2017, Emmerich u. a. 2017, Karakayalı u. a. 2020, El-Mafaalani u. a. 2021, El-Mafaalani/Massumi 2019, El-Mafaalani/Kemper 2017; Kemper 2021 & 2015.

79 *Racial Profiling* kann neben der Polizei auch vom Zoll ausgehen. Hintergrund ist in der Regel vermutete illegale Einwanderung, islamistischer Extremismus sowie die allgemeine Strafverfolgung (»übliche Verdächtige«).

80 Einen Überblick über die Forschung zu Racial Profiling in Deutschland und international: Hunold/Wegner 2020; zur Diskriminierung durch die Polizei insgesamt: Behr 2017; zum NAFRI-Begriff: Waleciak 2021.

81 Bisher war die Strafverfolgung im Kontext von Shisha-Bars nicht erfolgreich und steht in keinem Verhältnis zum betriebenen Aufwand. Da aber Politiker von der Strategie der »1.000 Nadelstiche« sprechen, also als kriminell vermutete Menschen ohne jede beweisbare Straftat Schaden zufügen wollen, scheint es sich gar nicht um Strafverfolgung im eigentlichen Sinne zu handeln.

82 Das FBI hat bereits relativ früh darauf hingewiesen, dass die NSU-Taten höchstwahrscheinlich rassistisch motiviert waren. Diese Hinweise wurden von den deutschen Behörden nicht ernst genommen, was vor dem Hintergrund der Reputation des FBI bemerkenswert ist.

83 Ob die Polizeiausbildung besser ist als in anderen Ländern, darf infrage gestellt werden. Denn man stelle sich vor, in Deutschland lägen dieselben Rahmenbedingungen vor wie in den USA, also ein extrem liberales Waffengesetz, und jede:r Polizist:in müsste immer und überall befürchten, dass das Gegenüber eine Schusswaffe bei sich trägt: Hätten wir dann immer noch »entspanntere« Verhältnisse? Es wäre hochplausibel, dass die bessere Polizeiarbeit weniger mit der Polizei als vielmehr mit besseren Waffengesetzen und aktiver Sozialpolitik zusammenhängt.

84 Etwa wenn von »rötlichem Hautausschlag« oder »blauen Lippen« die Rede ist, sind es Beschreibungen von Symptomen bei weißen Mitteleuropäern. Dies führt dazu, dass bestimmte Krankheitsbilder bei PoC häufig nicht frühzeitig erkannt werden.

85 Hier ließe sich eine Vielzahl von belegten Fällen aufzählen, exemplarisch aus dem Mai 2021 in Bremen der Fall BREBAU.

86 Hierzu u. a. Müller 2015, ADS 2020, Hinz/Auspurg 2022.

87 Vgl. überblicksartig: Uslucan/Yalcin 2012, Kaas/Manger 2010, Gestring u. a. 2006.

88 Wurden den Bewerbungen positive Empfehlungsschreiben beigelegt, konnte keine Ungleichbehandlung mehr gemessen werden. Informationsmängel seitens der Personalverantwortlichen sind wahrscheinlich, weil bisher keine Erfahrungen mit Menschen mit Migrationshintergrund gemacht wurden (vgl. Kaas/Manger 2010).

89 Beicht 2011, SVR 2014.

90 El-Mafaalani 2020a. Hierbei handelt es sich keineswegs um ein Problem im Kontext des Beamtentums beziehungsweise hoheitlicher Aufgaben im Staatsdienst. Bei Ärztinnen und Top-Models mit Kopftuch ließe sich Ähnliches zeigen. Wie stark die Nachteile von Frauen mit Kopftuch auf dem Arbeitsmarkt sind, zeigt Weichselbaumer 2016.

91 Studien zum Arbeitsmarkt unterstellten, dass die fiktiven Bewerber:innen bereits eine Ausbildung abgeschlossen haben und somit sowohl ein Arbeitszeugnis als auch ein Abschlusszeugnis vorlagen. Bei Bewerber:innen für Berufsausbildungen liegen weniger handfeste Informationen vor, wodurch das »Kopfkino« angeregt wird – und damit rassistische Wissensbestände und Vorurteile aktiviert werden.

92 Kritische Perspektiven auf das Konzept des institutionellen Rassismus gibt es unterdessen auch: Insbesondere der verengte Blick auf Institutionen bzw. Sektoren könne gesellschaftlichen Strukturen bzw. strukturellen Rassismus verdecken. Denn wenn in all diesen Bereichen Diskriminierung festgestellt wird, dann scheint es einen branchen- und organisationsübergreifenden Zusammenhang zu geben. Daher sollte daneben immer auch die Struktur berücksichtigt werden. Zudem wird kritisiert, dass es sich um ein uneindeutiges Konzept handele, weil nicht deutlich werde, inwiefern es im Hinblick auf den diskriminierenden Mechanismus einen substanziellen Unterschied zwischen Handlungen im Privaten/Alltag und im Institutionellen gebe (vgl. Gomolla 2017)

93 Wie eine Organisation mit den Ermessensspielräumen ihrer Mitarbeiter umgeht, diesen eingrenzt, kontrolliert oder durch Standards oder Richtlinien beeinflusst, ist der Organisation selbst zuzuschreiben. Auch etwa dann, wenn sich rechtsextreme Strukturen in einer Organisation etablieren, muss gefragt werden, welche organisationalen Bedingungen oder Versäumnisse dies ermöglicht oder begünstigt haben.

94 In Deutschland gibt es hierzu keine systematische Forschung. Daher wird im Folgenden insbesondere der internationale Forschungsstand berücksichtigt. Gleichzeitig sei darauf hingewiesen, dass mit dem Rassismus-Monitor des Deutschen Zentrums für Integrations- und Migrationsforschung (dem ich selbst angeschlossen bin) diese Lücke ab dem Jahr 2021 geschlossen werden wird (vgl. DeZIM 2020). Einige qualitative Studien, in denen Rassismuserfahrungen analysiert werden, liegen vor (zuerst Terkessidis 2004).

95 Einzige Ausnahmen: Glück (Lottogewinn) und Erbschaft.

96 Ausnahmen sind begründungsbedürftig und werden rechtlich reglementiert, etwa Staatsbürgerschaft oder Alter für demokratische Wahlen.

97 Vgl. ADS 2013. Darüber hinaus auch ADS 2016.

98 Deutlich ausführlicher als im Folgenden vgl. El-Mafaalani 2020a oder El-Mafaalani u. a. 2017.

99 Vgl. Paradies 2006. Interessant sind Studien, die zeigen, dass der Hautton von Schwarzen einen Einfluss auf die Wahrnehmung hat: Wer sich selbst in der Hauttonkategorie »light« verortet, nimmt häufiger Rassismus wahr als »medium« oder »dark« (Borell u. a. 2006).

100 Exemplarisch: Frauen fühlten sich vor 40 oder 50 Jahren seltener diskriminiert als heute, dabei sind heute ihre Teilhabechancen um ein

Vielfaches höher. Und: Da die Teilhabechancen von Menschen mit Behinderung noch nicht derart gestiegen sind wie bei anderen benachteiligten Gruppen, sind sie im Diskurs über Diskriminierung noch relativ leise. Hierzu erstmals öffentlich: El-Mafaalani/Sadigh 2013.

101 Diese Relation ließe sich auf der Grundlage verschiedener theoretischer Modelle herleiten (u. a. Leiße 2004, Kessler 2003, Skrobanek 2007, Runciman 1972, Gurr 1972).

102 Ausführlich hierzu: El-Mafaalani 2020a, El-Mafaalani u. a. 2017. Empirische Studien zur Integration/Teilhabe und wahrgenommener Diskriminierung von Minderheiten in Deutschland: Steinmann 2018, in den Niederlanden: Verkuyten 2016, in den USA: Lajevardi u. a. 2019, in Südafrika: Dixon u. a. 2010, Durrheim u. a. 2014.

103 Tocqueville 1835/1840, Freud 1930. Vergleichbare Paradoxa wurden auch im Hinblick auf Geschlechtergleichheit (Gottschall 2000) oder soziale Sicherheit (van Dyk/Lessenich 2008) beschrieben.

104 An anderer Stelle wurde dieses (Migranten-)Generationenverhältnis plastisch skizziert: Die erste Generation der Zugewanderten war fleißig und bescheiden und beanspruchte nicht volle Teilhabe; die zweite Generation setzt sich an den Tisch und nimmt ein Stück vom Kuchen; die dritte Generation mischt sich in das Kuchenrezept ein und beansprucht nicht nur gleiche Teilhabe am Bestehenden, sondern auch die gleiche Möglichkeit zu gestalten. Zwischen diesen drei Generationen kann es zu erheblichen Konflikten kommen – Ähnliches ließe sich u. a. auch im Hinblick auf die drei Frauenbewegungen zeigen (vgl. El-Mafaalani 2020a).

105 Wer der rassistisch handelnde Akteur ist, spielt zudem eine große Rolle, insbesondere wenn es Statushöhere sind (ggf. Vorgesetzte) oder gar Staatsvertreter, aber auch welche askriptiven Personenmerkmale sie aufweisen, ob sie also PoC sind oder nicht (vgl. u. a. Baretto et al. 2010, Major et al. 2002).

106 Hirsh/Kmec 2009, S. 521; Hansen 2009.

107 Zum Umgang mit Diskriminierungserfahrungen vgl. Hansen 2009 oder auch El-Mafaalani u. a. 2017.

108 Folgen von wahrgenommener rassistischer Diskriminierung für die Gesundheit der Betroffenen sind außergewöhnlich gut erforscht (etwa Major und O'Brien 2005).

109 In einem Experiment wurden Studierende darauf hingewiesen, dass bei einem Test untersucht werden solle, inwieweit sich die Leistungen schwarzer und weißer Studierender unterscheiden. Die Ergebnisse zeigten, dass die weißen Studierenden keine Leistungsveränderungen aufwiesen, während sich die Leistungen der schwarzen Studierenden allein aufgrund der Erwähnung des Stigmas »Hautfarbe« messbar verschlechtert haben (Hansen 2009). Zu anderen Prüfungssettings (hier Vortrag/Referat) vgl. etwa Sawyer u.a. 2012. Vgl. auch Goffman 1963.

110 Vgl. u.a. Schmitt und Branscombe 2002.

111 Vgl. Morrison 1975.

112 Empirische Befunde hierzu liegen vor für Deutschland (vgl. ZfTI 2018 & 2021) und insbesondere für die Niederlande vor (vgl. u.a. Verkuyten 2016, ten Teije u.a. 2013, de Vroome u.a. 2014, Tolsma 2012, van Doorn u.a. 2013). Im Allgemeinen: vgl. Hansen 2009.

113 So etwa der Begriff »Nigga*« im US-amerikanischen Kontext (insbesondere im Hip-Hop) oder ursprünglich Kanake in Deutschland (aus der Kunst- und Kulturszene, vgl. insbesondere Zaimoglu 1995 sowie auch die Bewegung *kanak attak).* In der Jugendsprache wird immer häufiger zwischen Menschen mit Migrationshintergrund und Menschen mit Migrationsvordergrund unterschieden. Von Migrationsvordergrund ist die Rede, wenn der Migrationshintergrund sichtbar oder hörbar ist – also PoC (aus den USA) oder *visible minorities* (in Kanada gebräuchlich). Einen Migrationshintergrund hätten dann lediglich Menschen, deren familiäre Migrationsgeschichte nicht wahrnehmbar ist, etwa wenn die Mutter Türkin und der Vater Deutscher ist – im englischsprachigen Raum werden diese als *passing white* (also: geht als Weiße:r durch), im deutschen Sprachraum auch als »weiß gelesen« bezeichnet. Diese Unterscheidung kann als Kritik am Begriff Migrationshintergrund verstanden werden, zumindest an seiner Alltagstauglichkeit, da diese Kategorie wenig über das Risiko aussagt, diskriminiert oder als Fremde:r oder als Nicht-Deutsche:r wahrgenommen zu werden. Jedoch eignet sie sich weniger gut als Selbstbezeichnung (El-Mafaalani 2020a).

114 Bezogen auf das Ausgangsproblem, nämlich die Aneignung von Begriffen, können analog drei Positionen herausgearbeitet werden, die alle drei dazu geeignet sind, die Gefühle von Selbstwirksamkeit und Autonomie zu erzeugen: (a) Das Othering ist nur dann schlimm, wenn es ein passiver Prozess ist, man selbst also nur Objekt. Selbstbestimmtes VerAndern ist positiv. (b) Jede Form der begrifflichen Andersmachung der Identität wird abgelehnt, weil es eine Unterscheidung übertreibt, die man sich in aller Regel gar nicht ausgesucht hat – insbesondere auch noch mit den fremden Begriffen. (c) Wie wir das Problem begrifflich fassen, ist »scheißegal«, wir müssen es lösen. Eine ähnliche Systematik bei Boger 2019.

115 »Es ist wichtig [...], die Funktion, die sehr ernstzunehmende Funktion von Rassismus zu kennen: Ablenkung. Rassismus hält dich von deiner Arbeit ab, stattdessen hältst du dich dran, immer und immer wieder zu erklären, warum du da bist. Jemand sagt, du hast keine Sprache, und so verbringst du 20 Jahre damit, zu beweisen, dass du sie hast. Jemand sagt, dein Kopf sei nicht richtig geformt, also musst du wissenschaftliche Belege dafür finden, dass er es doch ist. Jemand sagt, du hast keine Kunst, also zerrst du sie hervor. Jemand sagt, du hast kein Königreich, also zerrst du es hervor. Nichts davon ist notwendig. Es wird immer eine weitere Sache geben.« Toni Morrison: Portland State University 1975 (meine Übersetzung).

116 In Schulbüchern wird zum Teil ein rassistisches Bild von Menschen dargestellt, also eine hierarchische Differenzierung, sowie ein Afrikabild konstruiert, das keine Geschichte hat (ganz im Sinne Hegels, vgl. Kap. 2). Mittlerweile liegt eine Vielzahl von Studien aus der Schulbuchforschung vor (etwa Marmer u. a. 2015).

117 Koloniale Erfahrungen in den Familiengeschichten müssen dabei nicht nur auf Afrika bezogen sein. Eine erweiterte Kolonialismus-Perspektive – wie sie etwa Terkessidis 2019 anbietet – würde neben afrikanischen Staaten auch ost- und südeuropäische Staaten umfassen. Hier werden auch die Zusammenhänge zwischen der kolonialen Vergangenheit Deutschlands und der Migration in Vergangenheit und Gegenwart deutlich. Auch hier ergeben sich direkte Bezugspunkte zu einem Großteil der Schüler:innen.

118 Zudem sollte man Lehrerverbände, insbesondere Fachverbände, nicht unterschätzen. Hier scheint einiges in Bewegung zu kommen.

119 Fachdidaktik: Fereidooni/Simon 2020, Soziale Arbeit/Jugendhilfe:

Melter 2006, Schule: Karabulut 2021, pädagogische Profession: Mecheril 2004, Lehrerausbildung: Fereidooni/Massumi 2015.

120 Vgl. Fereidooni 2016.

121 Das folgende Beispiel in Anlehnung an Attia 2009.

122 Die unscheinbare Frage etwa »Wo kommst du (eigentlich) her?« meint »Du bist ein Anderer«, kann aber entweder wohlwollend gemeint sein und aus einem authentischen Interesse herrühren oder negativ konnotiert bis ausgrenzend gemeint sein (El-Mafaalani 2020a). Letzteres mündet dann nicht selten in diffuse Anpassungsaufforderungen. Die Demonstration von gewünschter Differenz und Aufforderung zur Angleichung bleiben häufig gleichermaßen abstrakt und diffus.

123 Als pädagogische Fachkraft bei Rassismuserfahrungen anderer zu schweigen oder die »Täter« (auch im Hinblick auf ihre Intention) zu entschuldigen lässt sich auch als sekundären Rassismus bezeichnen (Melter 2006). Dies ist ein im Übrigen gut dokumentierter Befund.

124 Im Hinblick auf Lehrkräfte, die Diskriminierung erleben: Fereidooni 2016, auf Jugendliche: Scharathow 2014.

125 Zur besonderen Bedeutung von Ambitionen und Erwartungen und dem Wechselverhältnis zu den sozialen Konstellationen vgl. grundlegend MacLeod 1995.

126 ZfTI 2018, 2020. In allerjüngster Vergangenheit lässt sich wieder eine langsame Hinwendung zu Deutschland erkennen.

127 Zugleich hat die türkische Regierung ihre Bemühungen intensiviert, die Türkeistämmigen in Deutschland politisch zu mobilisieren.

128 Unbedingt zu empfehlen ist die Talkshow »3 nach 9«, in der damals das Buch Zaimoglus (1995) besprochen wurde, um sich an das Niveau des Diskurses in den 1990ern zu erinnern: Die Gesprächsgäste Norbert Blüm, Heide Simonis und Wolf Biermann gehörten damals ganz sicher in das Spektrum links von der Mitte (Mitte verstanden als Durchschnitt). Bei Youtube unter dem Titel »Feridun Zaimoğlu vs. Heide Simonis« in Teil 1 und 2 archiviert, Teil 1: https://www.youtube.com/watch?v=wrV7adgbcMc.

129 Im Jahr 2001 stellte die vom Bundesinnenministerium eingesetzte sogenannte Süssmuth-Kommission ihren Bericht vor, in dem es heißt: »Deutschland ist faktisch ein Einwanderungsland.« Interessant ist hier der Hinweis, dass unter den 21 Mitgliedern der Kommission nur zwei

Frauen und eine Person mit (erkennbarem) Migrationshintergrund waren.

130 Kanak Attak prägte außerdem auch die Begriffe Kanake und Alman – Begriffe, die bis heute das Sprach- und Lebensgefühl junger Menschen zum Ausdruck bringen.

131 Erfunden wurde der Begriff von der Soziologin Ursula Boos-Nünning (wahrscheinlich) 1996. Im Jahr 1998 wurde er populär, weil sie ihn im »Kinder- und Jugendbericht der Bundesregierung« verwendet.

132 Vgl. Messerschmidt 2010. Die folgenden Skizzierungen der vier Dethematisierungsmuster erweitern und aktualisieren die Analysen von Messerschmidt teilweise.

133 Man denke etwa an den US-Präsidenten Barak Obama oder den deutschen Vizekanzler Philip Roessler.

134 Etwa der Kabinettsausschuss »Rechtsextremismus und Rassismus« mit dem entsprechenden Maßnahmenpaket, zudem die Berufung des Expertenrats »Antimuslimischer Rassismus« vom Bundesinnenministerium.

135 Die Problematik, dass Angehörige der Unterklassen sich kaum organisieren, nicht in Sprecherpositionen kommen und entsprechend auch kaum gehört werden, lässt die soziale Klassenherkunft zum stärksten benachteiligenden Merkmal werden: Betroffene können sich nicht selbst vertreten. Es sei denn, sie steigen auf. Allerdings verändern sich dann Präferenz und Interesse, wodurch diese Aufsteiger:innen häufig nicht die Herkunftsmilieus vertreten. Im Übrigen überrascht es entsprechend nicht, dass sich an Universitäten der Diskurs besonders häufig zuspitzt, Initiativen bilden und auch Proteste aufgrund hochschulinterner Sachverhalte ereignen.

136 Zu dem Themenfeld weißer Männer: Di Blasi 2014.

137 Eine Reihe von Umfragen belegt, dass dies eine weitverbreitete Sorge ist (etwa Allensbach 3.–16.5.2019: https://www.faz.net/aktuell/politik/inland/allensbach-umfrage-ueber-meinungsfreiheit-und-kritische-themen-16200724.html).

138 Zu den Differenzen von marxistischen und herrschaftskritischen Ansätzen innerhalb der Rassismuskritik vgl. Spivak 2010; Biskamp 2016. Auch eine Differenzierung oder Kombination von Nationalstaats- und Kapitalismuskritik lassen sich begründen.

139 Hierzu u. a. El-Mafaalani 2020a, Biskamp 2016.

140 Am Tisch werden unterschiedliche Strategien verfolgt: Möchte man sich am Tisch etablieren? Möchte man weiteren den Weg ebnen und versucht, eine Verbindung zwischen Tisch und Boden zu entwickeln? Oder geht man den progressiven Konflikt um das Rezept und die Tischordnung, also die Deutungshoheit und Privilegien ein? Vgl. El-Mafaalani 2020a, ähnlich auch Boger 2019.

141 Am Rande sei erwähnt, dass rassistische Muster und nicht aufgearbeiteter Kolonialismus auch in Bezug auf Minderheiten thematisiert werden, z. B. Rassismus innerhalb muslimischer Communitys gegenüber schwarzen Muslimen oder muslimischen Roma; Kolonialgeschichte des Osmanischen Reichs als Hindernis für Bündnisbildungen zwischen Black Communitys und Initiativen von Türkeistämmigen usw.

142 Stand: Juli 2021. Informationen zu den Hintergründen finden sich auf https://www.amadeu-antonio-stiftung.de/todesopfer-rechter-gewalt/

Literaturverzeichnis

ADS – Antidiskriminierungsstelle des Bundes. (2013). Diskriminierung im Bildungsbereich und im Arbeitsleben. Berlin.

ADS – Antidiskriminierungsstelle des Bundes. (2016). Diskriminierungserfahrungen in Deutschland. Erste Ergebnisse einer repräsentativen Erhebung und einer Betroffenenbefragung. Berlin.

ADS – Antidiskriminierungsstelle des Bundes (2020): Rassistische Diskriminierung auf dem Wohnungsmarkt. Ergebnisse einer repräsentativen Umfrage. Berlin.

Arndt, Susan (2017): Rassismus. Eine viel zu lange Geschichte. In: Fereidooni, Karim; El, Meral (Hrsg.): Rassismuskritik und Widerstandsformen. Wiesbaden.

Arndt, Susan (2012): Die 101 wichtigsten Fragen. Rassismus. München.

Arndt, Susan; Hornscheidt, Antje (2004): Afrika und die deutsche Sprache. Ein kritisches Nachschlagewerk. Münster.

Arndt, Susan; Ofuatey-Alazard, Nadja (2019) (Hrsg.): Wie Rassismus aus Wörtern spricht. (K)Erben des Kolonialismus im Wissensarchiv deutsche Sprache. Ein kritisches Nachschlagewerk. Münster.

Aslan, Emine; Fereidooni, Karim (2018): Same same but different?! Von Fluchthelfer_innen und Schleuser_innenbanden. In: Oliver Dimbath, Anja Kinzler und Katinka Meyer (Hrsg.), Vergangene Vertrautheit? Soziale Gedächtnisse des Ankommens, Aufnehmens und Abweisens. Wiesbaden.

Attia, Iman (2009): Die »westliche Kultur« und ihr Anderes. Zur Dekonstruktion von Orientalismus und antimuslimischem Rassismus. Bielefeld.

Balibar, Étienne (1992): Gibt es einen »Neo-Rassismus«? In: Balibar, Étienne; Wallerstein, Immanuel, Rasse, Klasse, Nation. Hamburg.

Bandura, A., Ross, D., & Ross, S. A. (1963). Imitation of film-mediated aggressive models. In: The Journal of Abnormal and Social Psychology, 66(1).

Baretto, M., Ellemers, N., & Fiske, S. T. (2010). »What did you say, and who do you think you are?« How power differences affect emotional reactions to prejudice. In: Journal of Social Issues, 66(3).

Bernasconi, Robert (2011): Kant's Third Thoughts on Race. In: Stuart Elden & Eduardo Mendieta (eds.), *Reading Kant's Geography.* State University of New York Press, 291–318.

Biskamp, Floris (2016): Orientalismus und demokratische Öffentlichkeit. Antimuslimischer Rassismus aus Sicht postkolonialer und neuerer kritischer Theorie. Bielefeld.

Biskamp, Floris (2017): Rassismus, Kultur und Rationalität. Drei Rassismustheorien in der kritischen Perspektive. In: Peripherie, Nr. 146/147, Jg. 37.

Beicht, Ursula (2011): Junge Menschen mit Migrationshintergrund. Trotz intensiver Ausbildungsstellensuche geringere Erfolgsaussichten. BIBB-Analyse der Einmündungschancen von Bewerberinnen und Bewerbern differenziert nach Herkunftsregionen. BIBB-Report 16/11. Bonn.

Behr, Rafael (2017): »Diskriminierung durch Polizeibehörden.« In: Scherr, Albert; El-Mafaalani, Aladin; Yüksel, Emine Gökcen (Hrsg.), Handbuch Diskriminierung. Wiesbaden

Benz, Wolfgang (2017): Antiislamische Diskriminierung. In: Scherr, Albert; El-Mafaalani, Aladin; Yüksel, Emine Gökcen (Hrsg.), Handbuch Diskriminierung. Wiesbaden.

Bobo, Lawrence. (1988): Group conflict, prejudice, and the paradox of contemporary racial attitudes. In: Phyllis A. Katz & Dalmas A. Taylor (Hrsg.), Eliminating racism. New York.

Boger, Mai-Anh (2019): Theorien der Inklusion. Die Theorie der trilemmatischen Inklusion zum Mitdenken. Münster.

Borell, L. N., Kiefe, C. I., Williams, D. R., Diez-Roux, A. V., & Gordan-Larsen, P. (2006): Selfreported health, perceived racial discrimination, and skin color in African Americans in the CARDIA study. In: Social Science & Medicine, 6(63).

Bourdieu, Pierre (1997): Die männliche Herrschaft. In: Dölling, I.; Krais

Beate (Hrsg.): Ein alltägliches Spiel. Geschlechterkonstruktion in der sozialen Praxis. Frankfurt/M.

Bourdieu, Pierre (2005): Die männliche Herrschaft. Frankfurt/M.

Bourdieu, Pierre (2001): Meditationen. Zur Kritik der scholastischen Vernunft. Frankfurt/M.

Bourdieu, Pierre (1987): Die feinen Unterschiede. Kritik der gesellschaftlichen Urteilskraft. Frankfurt/M.

Bourdieu, Pierre (1979): Entwurf einer Theorie der Praxis auf Grundlage der kabylischen Gesellschaft. Frankfurt/M.

Brunner, Claudia (2020): Epistemische Gewalt. Wissen und Herrschaft in der kolonialen Moderne. Bielefeld.

Broden, Anne (2011): Rassismus bildet. Zur Konstruktion der Anderen als Andere. Überblick, 17(1), 4–7.

Czollek, Max (2020): Gegenwartsbewältigung. Berlin.

Clark, Kenneth B. & Clark, Mamie P. (1947). Racial identification and preference among negro children. In: E. L. Hartley (Ed.), Readings in Social Psychology. New York.

Cook, S. W. (1984): Cooperative interaction in multiethnic contexts. In: Norman Miller, Marilynn B. Brewer (Hrsg.): Groups in contact: The psychology of desegregation. New York.

Degner, Juliane; Dalege, Jonas (2013): The apple does not fall far from the tree, or does it? Parent-child similarity in intergroup attitudes. In: Psychological Bulletin, 139.

de Vroome, T., Martinovic, B., & Verkuyten, M. (2014): The integration paradox: Level of education and immigrants' attitudes towards natives and the host society. In: Cultural Diversity and Ethnic Minority Psychology, 20.

DeZIM – Deutsches Zentrum für Integrations- und Migrationsforschung (2020): Rassismusforschung in Deutschland wird gestärkt. Berlin, https://www.dezim-institut.de/fileadmin/PDF-Download/200703_PM_Rassismus-Monitor.pdf.

Di Blasi, Luca (2014): Der weiße Mann. Ein Anti-Manifest. Bielefeld.

Dixon, John; Durrheim, Kevin; Tredoux, Colin; Tropp, Linda; Clack, Beverley and Eaton, Libby (2010): A paradox of integration? Interracial contact, prejudice reduction and perceptions of racial discrimination. In: Journal of Social Issues, 66(2).

Durrheim, K.; Jacobs, N.; Dixon, J. (2014): Explaining the paradoxical effects of intergroup contact: Paternalistic relations and system justification in domestic labour in South Africa. In: International Journal of Intercultural Relations, Volume 41.

El-Mafaalani, Aladin (2020a): Das Integrationsparadox. Warum gelungene Integration zu mehr Konflikten führt. Köln.

El-Mafaalani, Aladin (2020b): Mythos Bildung. Die ungerechte Gesellschaft, ihr Bildungssystem und seine Zukunft. Köln.

El-Mafaalani, Aladin, Jording, Judith; Massumi, Mona (2021): Flucht und Schulbildung. In: Bittlingmeyer, Uwe; Scherr, Albert (Hrsg.), Handbuch Erziehungs- und Bildungssoziologie. Wiesbaden.

El-Mafaalani, Aladin; Kemper, Thomas (2017): Bildungsteilhabe geflüchteter Kinder und Jugendlicher im regionalen Vergleich. Quantitative Annäherungen an ein neues Forschungsfeld. In: Zeitschrift für Flüchtlingsforschung (Z'Flucht), Jg. 2, Heft 2, 2017.

El-Mafaalani, Aladin; Massumi, Mona (2019): Flucht und Bildung. Verbundprojekt »Flucht: Forschung und Transfer«. Osnabrück; Bonn.

El-Mafaalani, Aladin; Sadigh, Parvin (2013): Diskriminierung: Wer sich benachteiligt fühlt, will dazugehören. In: Die Zeit. 14.8.2013, https://www.zeit.de/gesellschaft/familie/2013-08/diskriminierung-migranten.

El-Mafaalani, Aladin; Waleciak, Julian; Weitzel, Gerrit (2017): Tatsächliche, messbare und subjektiv wahrgenommene Diskriminierung. In: Scherr, Albert; El-Mafaalani, Aladin; Yüksel, Emine Gökcen (Hrsg.), Handbuch Diskriminierung. Wiesbaden.

Emmerich, M., U. Hormel & J. Jording, 2017: Prekarisierte Teilhabe. Fluchtmigration und kommunale Schulsysteme. In: Die Deutsche Schule, 3/2017.

Essed, Philomena (1992): Multikulturalismus und kultureller Rassismus in den Niederlanden. In: Institut für Migrations- und Rassismusforschung (Hrsg.), Rassismus und Migration in Europa, Hamburg.

Fereidooni, Karim (2016): Diskriminierungs- und Rassismuserfahrungen im Schulwesen. Eine Studie zu Ungleichheitspraktiken im Berufskontext. Wiesbaden.

Fereidooni, Karim; Massumi, Mona (2015): Rassismuskritik in der Ausbildung von Lehrerinnen und Lehrern. In: APuZ, 40/2015.

Fereidooni, Karim; Simon, Nina (2020): Rassismuskritische Fachdidaktiken. Theoretische Reflexionen und fachdidaktische Entwürfe rassismuskritischer Unterrichtsplanung. Wiesbaden.

Fredrickson, George M. (2004): Rassismus. Ein historischer Abriss. Hamburg. (engl. Originalfassung 2002 unter dem Titel: Racism – A Short History)

Freud, Sigmund (1930): Das Unbehagen in der Kultur. Wien.

Geiss, Immanuel (1988): Geschichte des Rassismus, Frankfurt/M.

Gestring, Norbert; Janßen, Andrea; Polat, Ayça (2006): Prozesse der Integration und Ausgrenzung. Türkische Migranten der zweiten Generation. Wiesbaden.

Goffman, E. (1963). Stigma. Über Techniken der Bewältigung beschädigter Identität. Frankfurt/M.

Gogolin, Ingrid (1994): Der monolinguale Habitus der multilingualen Schule. Münster.

Gomolla, Mechtild (2017): Direkte und indirekte, institutionelle und strukturelle Diskriminierung. In: Scherr, Albert; El-Mafaalani, Aladin; Yüksel, Emine Gökcen (Hrsg.), Handbuch Diskriminierung. Wiesbaden.

Gomolla, Mechtild; Radtke, Frank Olaf (2002): Institutionelle Diskriminierung. Die Herstellung ethnischer Differenz in der Schule. Wiesbaden.

Gottschall, Karin (2000): Soziale Ungleichheit und Geschlecht: Kontinuitäten und Brüche, Sackgassen und Erkenntnispotentiale im deutschen soziologischen Diskurs. Wiesbaden.

Gurr, Ted Robert (1972): Rebellion. Eine Motivationsanalyse von Aufruhr, Konspiration und innerem Krieg. Düsseldorf/Wien.

Hall, Stuart (1989): Rassismus als ideologischer Diskurs. In: DAS ARGUMENT, Nr. 178.

Hansen, N. (2009): Die Verarbeitung von Diskriminierung. In: A. Beelmann & K. J. Jonas (Hrsg.), Diskriminierung und Toleranz. Psychologische Grundlagen und Anwendungsperspektiven. Wiesbaden.

Hegel, Georg F. W. (1924): Geographische Grundlage der Weltgeschichte. In: Vorlesungen über die Philosophie der Geschichte. Leipzig: Reclam. http://philotextes.info/spip/IMG/pdf/hegel_philosophie_der_geschichte.pdf.

Hinz, Thomas; Auspurg, Katrin (2022): Diskriminierung auf dem Wohnungsmarkt. In: Scherr, Albert; El-Mafaalani, Aladin; Reinhardt, Anna Cornelia (Hrsg.), Handbuch Diskriminierung. Wiesbaden.

Hirsh, Elizabeth; Kmec, Julie A. (2009): Human Resource Structures. Reducing Discrimination or Raising Rights Awareness. In: Industrial Relations, 48(3).

Hunold, Daniela; Wegner, Maren (2020): Rassismus und Polizei: Zum Stand der Forschung. APuZ, 42-44/2020.

IDA-NRW (2021): Rassismus – Geschichte. Düsseldorf, https://www.ida-nrw.de/themen/rassismus/geschichte.

Jäger, Siegfried (2010) Pressefreiheit und Rassismus. Der Karikaturenstreit in der deutschen Presse. Ergebnisse einer Diskursanalyse. In: Schneiders, Thorsten (Hrsg.), Islamfeindlichkeit. Wiesbaden.

Jording, Judith (2021): Flucht/Migration und kommunale Schulsysteme. Differenzierungspraxen und Partizipationsbedingungen in der Grundschule. Dissertation.

Kaas, Leo; Manger, Christian (2010): Ethnic Discrimination in Germany's Labour Market: A Field Experiment. Discussion Paper No. 4741.

Kant, Immanuel (1754–1805): AA IX: Logik – Physische Geographie – Pädagogik. https://korpora.zim.uni-duisburg-essen.de/kant/aa09/316.html.

Karabulut, Aylin (2021): Rassismuserfahrungen von Schüler*innen. Institutionelle Grenzziehungen an Schulen. Wiesbaden.

Karakayalı, Juliane; zur Nieden, Birgit; Groß, Sophie; Kahveci, Çağrı; Güleryüz, Tutku; Heller, Mareike (2017): Die Beschulung neu zugewanderter und geflüchteter Kinder in Berlin. Praxis und Herausforderungen: Berliner Institut für empirische Integrations- und Migrationsforschung (BIM), Humboldt-Universität zu Berlin. Berlin.

Karakayalı, Juliane; Groß, Sophie; Heller Mareike; Kahveci, Çağrı (2020): Kulturalisierung statt Curriculum? Natio-ethno-kulturelle Differenzzuschreibungen im Kontext von Vorbereitungsklassen für neuzugewanderte Schüler*innen. In: Juliane Karakayalı (Hrsg.), Unterscheiden und Trennen. Die Herstellung von natio-ethno-kultureller Differenz und Segregation in der Schule. Weinheim.

Kemper, Thomas (2021): Bildungsbeteiligung und Schulerfolg von Geflüchteten in NRW. Düsseldorf.

Kemper, Thomas (2015): Bildungsdisparitäten von Schülern nach Staatsangehörigkeit und Migrationshintergrund. Eine schulformspezifische Analyse anhand von Daten der amtlichen Schulstatistik. Münster.

Kessler, Thomas (2003): Wie kann man sich gleichzeitig benachteiligt und nicht benachteiligt fühlen? Untersuchungen zur Personen-Gruppe Diskrepanz sozialer Diskriminierung. In: H. Merkens & A. Wessel (Hrsg.), Zwischen Anpassung und Widerstand. Zur Herausbildung der sozialen Identität türkischer und deutscher Jugendlicher (Jugendforschung aktuell, Bd. 8). Baltmannsweiler.

Kleingeld, Pauline (2007): Kant's Second Thoughts on Race. In: The Philosophical Quarterly 57/229, 573–592.

Kreckel, Reinhard (2004). Politische Soziologie der sozialen Ungleichheit. Frankfurt/M.

Lajevardi, Nazita; Oskooii, Kassra A. R.; Walker, Hannah L.; Westfall, Aubrey L. (2019): The Paradox Between Integration and Perceived Discrimination Among American Muslims. In: Political Psychology, 41/3.

Leiße, Utta-Kristin (2004): Die Person-Gruppe-Diskrepanz. Eine Folge von Selbstkategorisierung und Vergleichen?. Hamburg.

Luhmann, Niklas (1997): Die Gesellschaft der Gesellschaft. Frankfurt/M.

Lutz, Helma; Vivar, María Teresa Herrera; Supik, Linda (2010): Fokus Intersektionalität. Bewegungen und Verortungen eines vielschichtigen Konzeptes. Wiesbaden.

MacLeod, Jay (1995): Ain't No Makin' It. Aspirations and Attainment in a Low-Income Neighborhood. London.

Macpherson, William (1999): The Stephen Lawrence Inquiry. Report of an inquiry. London.

Major B., Gramzow R., McCoy S. K., Levin S., Schmader T., Sidanius J. (2002). Perceiving personal discrimination: the role of group status and status legitimizing ideology. In: Journal of Personality and Social Psychology, 82(3).

Major, B., & O'Brien, L. T. (2005). The social psychology of stigma. In: Annual Review of Psychology, 56.

Marmer, Elina; Sow, Papa; Ziai, Aram (2015): Der »versteckte« Rassismus – »Afrika« im Schulbuch. In: Marmer, Elina (Hrsg.); Sow, Papa (Hrsg.), Wie Rassismus aus Schulbüchern spricht. Kritische Auseinandersetzung mit »Afrika«-Bildern und Schwarz-Weiß-Konstruktionen in der Schule – Ursachen, Auswirkungen und Handlungsansätze für die pädagogische Praxis. Weinheim.

Marten, Eike; Walgenbach, Katharina (2017): Intersektionale Diskrimi-

nierung. In: Scherr, Albert; El-Mafaalani, Aladin; Yüksel, Emine Gökcen (Hrsg.), Handbuch Diskriminierung. Wiesbaden.
Massumi, Mona (2019): Migration im Schulalter. Systemische Effekte der deutschen Schule und Bewältigungsprozesse migrierter Jugendlicher. Berlin.
McWhorter, John (2021): Nine Nasty Words: English in the Gutter – Then, Now, and Forever. New York.
Mbembe, Achille (2014): Kritik der schwarzen Vernunft. Frankfurt/M.
Mecheril, Paul (2004): Einführung in die Migrationspädagogik. Weinheim.
Mecheril, Paul (2002): Natio-kulturelle Mitgliedschaft – ein Begriff und die Methode seiner Generierung. In: Tertium comparationis 8 (2002) 2.
Mecheril, Paul; Melter, Claus (Hrsg.) (2009): Rassismuskritik. Band 1. Rassismustheorie und -forschung. Schwalbach.
Melter, Claus (2007): Sekundärer Rassismus in der Sozialen Arbeit. In: Geisen, Thomas; Riegel, Christine (Hrsg.), Jugend, Partizipation und Migration. Orientierungen im Kontext von Integration und Ausgrenzung. Wiesbaden.
Melter, Claus (2006): Rassismuserfahrungen in der Jugendhilfe. Eine empirische Studie zu Kommunikationspraxen in der Sozialen Arbeit. Münster u. a.
Memmi, Albert (1992): Rassismus. Hamburg.
Messerschmidt, Astrid (2010): Distanzierungsmuster. Vier Praktiken im Umgang mit Rassismus. In: Mecheril, Paul; Broden, Anne (Hrsg.), Rassismus bildet. Bildungswissenschaftliche Beiträge zu Normalisierung und Subjektivierung in der Migrationsgesellschaft. Düsseldorf.
Miles, Robert (1991): Rassismus. Hamburg.
Morrison, Toni (1975): A Humanist View. Portland, https://www.mackenzian.com/wp-content/uploads/2014/07/Transcript_PortlandState_TMorrison.pdf.
Müller, Annekathrin (2015): Diskriminierung auf dem Wohnungsmarkt. Strategien zum Nachweis rassistischer Benachteiligungen. Berlin.
Neumeyer, S., Meulemann, H. (2017): Wer kommt nach ganz oben? Leistung und askriptive Merkmale beim Eintritt in Führungspositionen. In: Birkelbach, K., Meulemann, H. (Hrsg.), Lebensdeutung und Lebensplanung in der Lebensmitte. Wiesbaden.

Paradies, Y. (2006): A systematic review of empirical research on self-reported racism and health. In: International Journal of Epidemiology, 35.
Parsons, Talcott (1965): Full Citizenship for the Negro American? A Sociological Problem. In: Daedalus, Vol. 94, No. 4, The Negro American.
Pettigrew, T. F. (1969): Racially separate or together? In: Journal of Social Issues, 1969/25.
Priester, Karin (2003): Rassismus. Eine Sozialgeschichte, Leipzig.
Reuter, Julia (2002): Ordnungen des Anderen. Zum Problem des Eigenen in der Soziologie des Fremden. Bielefeld.
Ruhrmann, Georg (2017): Diskriminierung in den Medien. In: Scherr, Albert; El-Mafaalani, Aladin; Yüksel, Emine Gökcen (Hrsg.), Handbuch Diskriminierung. Wiesbaden.
Runciman, Walter G. (1972): Relative deprivation and social justice. A study of attitudes to social inequality in Twentieth-Century England. Middlesex.
Said, Edward (1981): Orientalismus. Berlin.
Sawyer, P., Major, B., Cassad, B., Townsend, S., Mendes, W. (2012). Discrimination and the stress response: Psychological and physiological consequences of anticipating prejudice in interethnic interactions. In: American Journal of Public Health, 102(5).
Schäuble, Barbara (2017): Antisemitische Diskriminierung. In: Scherr, Albert; El-Mafaalani, Aladin; Yüksel, Emine Gökcen (Hrsg.), Handbuch Diskriminierung. Wiesbaden.
Scharathow, Wiebke (2014): Risiken des Widerstandes. Jugendliche und ihre Rassismuserfahrungen. Bielefeld.
Scherr, Albert (2017): Diskriminierung gegen Roma und Sinti. In: Scherr, Albert; El-Mafaalani, Aladin; Yüksel, Emine Gökcen (Hrsg.), Handbuch Diskriminierung. Wiesbaden.
Scherr, Albert; El-Mafaalani, Aladin; Yüksel, Emine Gökcen (Hrsg.) (2017): Handbuch Diskriminierung. Wiesbaden.
Schmitt, M. T., & Branscombe, N. R. (2002). The internal and external causal loci of attributions to prejudice. In: Personality and Social Psychology Bulletin, 28.
Sears, David O. (1988): Symbolic racism. In: Phyllis A. Katz & Dalmas A. Taylor (Hrsg.), Eliminating racism. Profiles in controversy. New York.
Skrobanek, Jan (2007): Wahrgenommene Diskriminierung und (Re)

Ethnisierung bei Jugendlichen mit türkischem Migrationshintergrund und jungen Aussiedlern. In: Zeitschrift für Soziologie der Erziehung und Sozialisation, 27(3).
Spencer, Margaret Beale (2010): White and black children biased toward lighter skin. http://edition.cnn.com/2010/US/05/13/doll.study/index.html.
Spivak, Gayatri Chakravorty (2010): In Response. Looking Back, Looking Forward. In: Morris, Rosalind (Hg.), Can the Subaltern Speak? Reflections on the History of an Idea. New York.
Steinmann, Jan Philip (2019): The paradox of integration: why do higher educated new immigrants perceive more discrimination in Germany? In: Journal of Ethnic and Migration Studies 45 (9).
SVR (2014): Diskriminierung am Ausbildungsmarkt. Ausmaß, Ursachen und Handlungsperspektiven. Berlin.
ten Teije, Irene; Coenders, Marcel; Verkuyten, Maykel (2013): The paradox of integration: Immigrants and their attitude toward the native population. In: Social Psychology, 44(4).
Terkessidis, Mark (1998): Psychologie des Rassismus. Opladen.
Terkessidis, Mark (2004): Die Banalität des Rassismus. Migranten zweiter Generation entwickeln eine neue Perspektive. Bielefeld.
Terkessidis, Mark (2019): Wessen Erinnerung zählt? Koloniale Vergangenheit und Rassismus heute. Hamburg.
Tocqueville, Alexis de (1835/1840): Über die Demokratie in Amerika. München 1976.
Tolsma, Jochem; Lubbers, Marcel; Gijsberts, Merove (2012): Education and cultural integration among ethnic minorities and natives in the Netherlands: A test of the integration paradox. In: Journal of Ethnic and Migration Studies, 38.
Uslucan, Haci-Halil; Yalcin, Cem Serkan (2012): Wechselwirkung zwischen Diskriminierung und Integration. Essen.
van Doorn, Majka; Scheepers, Peer; Dagevos, Jaco (2013): Explaining the integration paradox among small immigrant groups in the Netherlands. In: International Migration and Integration, 14.
van Dyk, Silke; Lessenich, Stephan (2008): Unsichere Zeiten. Die paradoxale »Wiederkehr« der Unsicherheit. In: Mittelweg 36/5.
Verkuyten, Maykel (2016): The Integration Paradox: Empiric Evidence

From the Netherlands. In: American Behavioral Scientist 60(5–6).

Waleciak, Julian (2021): Der »Nafri«-Diskurs – eine kritische Diskursdekonstruktion unter Berücksichtigung rechtspopulistischer und rechtsextremistischer Deutungsmuster. In: Schahrzad Farrokhzad; Thomas Kunz; Saloua Mohammed; Oulad M'Hand; Markus Ottersbach (Hrsg.), Migrations- und Fluchtdiskurse im Zeichen des erstarkenden Rechtspopulismus. Wiesbaden.

Weber, Max (1914): Wirtschaft und Gesellschaft. Tübingen.

Weichselbaumer, Doris (2016): Discrimination against Female Migrants Wearing Headscarves. IZA Discussion Paper No. 10217.

Weiß, A. (2001). Rassismus wider Willen. Ein anderer Blick auf eine Struktur sozialer Ungleichheit. Opladen.

Wilder, D. A. (1984): Intergroup contact: The typical member and the exception to the rule. In: Journal of Experimental Psychology. 20.

Zaimoglu, Feridun (1994): Kanak Sprak. 24 Mißtöne vom Rande der Gesellschaft. Hamburg.

ZfTI – Stiftung Zentrum für Türkeistudien und Integrationsforschung (2018): Identifikation und politische Partizipation türkeistämmiger Zugewanderter in Nordrhein-Westfalen und in Deutschland. Essen (von Martina Sauer).

ZfTI – Stiftung Zentrum für Türkeistudien und Integrationsforschung (2021): 20 Jahre Mehrthemenbefragung. Integration und Partizipation türkeistämmiger Zugewanderter in Nordrhein-Westfalen 1999 bis 2019. Essen (von Martina Sauer).

Zick, Andreas (2010). Spielarten des Rassismus. In: Heinrich-Böll-Stiftung (Hrsg.), Rassismus und Diskriminierung in Deutschland. Berlin, S. 4–10, https://heimatkunde.boell.de/2010/04/01/spielarten-des-rassismus, zugegriffen am 3.8.2016.

Danksagung

Für Austausch und Inspiration danke ich Thomas Kemper, Nadine Löppenberg, Anna Cornelia Reinhardt, Albert Scherr, Mark Terkessidis, Stefan Wirtz und Julia Wissert. Ich danke zudem Mirka Fuhrmann, Nabila und Lili Sofie El-Mafaalani für die Unterstützung beim Schreiben. Mein besonderer Dank gilt meiner Lektorin Helga Frese-Resch, ohne die dieses Buch nicht entstanden wäre.

Mir werden die Gespräche mit Nabil El-Mahamid († 2021), Annette Kammertöns († 2020) und Juri Olujic († 2020) fehlen.